宏洋《ひろし》問題の深層

――「真実」と「虚偽」をあきらかにする
31人の証言――

幸福の科学総合本部 編

まえがき

現代の悪魔《あくま》は、インターネットからやってくる。

スマホを握《にぎ》る心の隙《すき》に忍《しの》び込《こ》み、時には人の善意さえ悪用して、人々の心を迷わせ、善悪の価値判断を逆転させようとしてくる。その詭弁《きべん》を打ち破るには、正しい真理知識と信仰心《しんこうしん》、立ち向かう勇気、そして鋼鉄《こうてつ》のようにしなやかで強い「智慧《ちえ》の利剣《りけん》」が必要だ。

宏洋《ひろし》氏は、現在、大きな悪魔に取り憑《つ》かれ、一体化している。そして、いいように悪魔に使われている。

そう言うと、条件反射のように、「宗教はすぐ自分たちを批判する者を悪魔呼ばわりするからおかしいんだ」と言う声が聞こえてくる。そう思うことがすでに悪魔の術中にはまっていることを、その発言者たちは知らない。

この本を『宏洋問題の深層』と題したのも、表面的、この世的な「宏洋問題」の深層にある、霊的《れいてき》な真相を明らかにするためである。悪魔が神に戦いを挑《いど》んできているのだ。

キリスト教圏《けん》で有名な悪魔ルシフェルが元は大天使ミカエルの双子《ふたご》の兄弟だったように、

仏陀《ぶっだ》教団を裏切ったダイバダッタが釈尊《しゃくそん》の従兄弟《いとこ》だったように、またエジプト神話の死と再生の神オシリスをだまし討《う》ちにしたのが弟のセトだったように、悪魔は救世主や天使の身内から出てくることが多い。身内だからこその甘《あま》えや、自分が劣《おと》っていることからの嫉妬心《しっとしん》、自分の方が優《すぐ》れているのだという慢心《まんしん》が、天使をも地獄《じごく》の底に引きずり込むのだ。最大の敵は己心の魔である。

この己心の魔に気付けず、反省せず、天狗《てんぐ》のような慢心と、仄暗《ほのぐら》い嫉妬の炎《ほのお》に身を焦《こ》がしているのが現在の宏洋氏である。

地獄の悪魔・悪霊で、「自分が悪かった」と言う者は一人もいない。すべては「他人が悪い、環境《かんきょう》が悪い」である。また人に感謝する者も一人もいない。これ以上ない汚《きたな》い悪口で人を罵《のの》り、呪《のろ》うばかりである。そして悪魔の特徴《とくちょう》は平気で下ネタを聖職者にぶつけてくることだ。これは古今のエクソシスト（降魔師《ごうまし》）が皆《みな》経験していることで、聖職者の心を乱そうとする悪魔の策略である。これらは、すべて宏洋氏の特徴と一致《いっち》する。

また、悪知恵《わるぢえ》が働くから、自分こそ正義で、救世主である相手が悪だという屁理屈《へりくつ》を捏《こ》ね、同調者を増やそうと画策する。救世主に何一つ瑕疵《かし》がなければ、平気で何十何百もの嘘《うそ》を連発して、ネットを悪用してイメージ操作をしようとする。反論をしても、それに正面から答えず、同じ嘘を何百回も何千回も繰《く》り返したら、やがてそれを信じる者が出てくるのは、中国共産党の南京大虐殺《ナンキンだいぎゃくさつ》や韓国《かんこく》の従軍慰安婦《じゅうぐんいあんふ》の嘘と同じ構造である。

もうこれ以上、悪魔の跳梁《ちょうりょう》を許してはならない。真実を明らかにし、正しいものを正しいと言明し、降魔の剣を振《ふ》り下ろさなければならない。善悪を明確に判断し、凶大な悪を打ち砕《くだ》いてこそ、真のユートピアは実現するのだ。

本書では、宏洋氏が生まれた直後の養育担当の秘書から、年齢《ねんれい》を追って各年代の養育・教育を担当した秘書たちの忌憚《きたん》のないインタビューが収められている。一人ひとりは宏洋氏の人生の一時期にしか関わっていないが、こうして並べてみると、まるでジグソーパズルのピースが組み上がっていくように、宏洋氏という一人の人間が、どこで間違《まちが》い、周りの愛情あふれるアドバイスをどう踏《ふ》みにじり、自己中心的な選択《せんたく》を重ねてきたかがくっきりと浮《う》かび上がってくる。随所《ずいしょ》に挿入《そうにゅう》されている、同じ環境に育った長女・咲也加《さやか》氏のインタビューによって、さらに宏洋氏の特殊性《とくしゅ》と嘘が明らかに照らし出されている。

宏洋氏が特殊な環境で育ったから悪くなったという指摘《してき》は間違っている。同じ環境で咲也加氏は、愛と智慧と才能があふれる、立派な宗教家に育っている。

また、これは大川総裁と宏洋氏の親子問題だという指摘も間違っている。これは修行《しゅぎょう》についていけず退転し、慢心と嫉妬から救世主を冒瀆《ぼうとく》し、神の計画を破壊《はかい》しようと企《たくら》む「鬼《おに》」を、今風に言えば「鬼滅《きめつ》の刃《やいば》」で、鬼退治する物語なのだ。

後半には、宏洋氏が最近出した本や、YouTube《ユーチューブ》等で垂れ流している、嘘による誹謗中傷《ひぼうちゅうしょう》への、エビデンスに基《もと》づいた反論を述べた。

読者諸氏が真実に目覚め、宏洋氏によって仕掛《しか》けられた悪魔の洗脳から自《みずか》らを自由にし、多くの人と社会を幸福にしていくのはどちらなのか、曇《くも》りなき目で正しく見極《みきわ》めてくださることを切に願う。

二〇二〇年　三月

幸福《こうふく》の科学《かがく》 総合本部《そうごうほんぶ》 常務理事《じょうむりじ》 広報担当《こうほうたんとう》

喜島克明《きじまかつあき》

宏洋問題の深層　目次

第2章　宏洋氏の〝出家《しゅっけ》〟と〝取引先への出向〟

第3章 〝再出家〟後の宏洋氏

第4章 宏洋氏の根本的な傾向性

第5章 幸福の科学グループ公式見解

――宏洋氏と文藝春秋《ぶんげいしゅんじゅう》社の虚妄《きょもう》を正す――

宏洋《ひろし》問題の深層

――「真実」と「虚偽《きょぎ》」をあきらかにする31人の証言――

証言者一覧（掲載《けいさい》順・敬称《けいしょう》略・役職等は証言時のもの）

諏訪裕子《すわひろこ》　在家《ざいけ》信者（一般《いっぱん》社団法人ユー・アー・エンゼル理事長）
大川咲也加《おおかわさやか》　幸福の科学副理事長 兼《けん》 宗務《しゅうむ》本部総裁室長
山口篤《やまぐちあつし》　幸福の科学事務局総務部部長代理
黒田由紀《くろだゆき》　在家信者
愛染美星《あいぜんみほし》　幸福の科学メディア文化事業局スター養成部・芸能系信仰《しんこう》教育担当局長 兼 ＨＳＵ講師
饗庭慶子《あえばけいこ》　幸福の科学東京正心館《しょうしんかん》研修局講師
佐藤正《さとうただし》　幸福の科学宗教教育企画《きかく》局中学受験対策室長
黒川白雲《くろかわはくうん》　ＨＳＵバイス・プリンシパル 兼 人間幸福学部ディーン
喜島克明《きじまかつあき》　幸福の科学常務理事（広報担当）
松田三喜男《まつだみきお》　幸福の科学理事 兼 事務局長
武田亮《たけだりょう》　幸福の科学副理事長 兼 宗務本部長
浅野聖太《あさのしょうた》　ＨＳＵ担当部長

鶴川《つるかわ》晃久《あきひさ》　幸福の科学理事 兼 東京正心館館長 兼 研修局長

福本《ふくもと》光宏《みつひろ》　幸福の科学常務理事 兼 経理局長

中村《なかむら》益巳《ますみ》　幸福の科学常務理事 兼 精舎《しょうじゃ》活動推進局長 兼 指導研修局長

斉藤《さいとう》愛《あい》　ＨＳＵ事務局教務担当副局長

鵜丹谷《うにや》明《あきら》　幸福の科学メディア文化事業局副局長

酒井《さかい》太守《たいしゅ》　幸福の科学宗務本部担当理事長特別補佐《ほさ》

駒沢《こまざわ》さゆり　幸福の科学メディア文化事業局ニュースター・プロダクション担当
兼 ニュースター・プロダクション（株）秘書部長

三觜《みつはし》智大《ともひろ》　幸福の科学メディア文化事業局部長

林《はやし》洋甫《ようすけ》　幸福の科学葛飾《かつしか》支部長

嶋村《しまむら》美江《みえ》　幸福の科学人事局付職員

水月《みづき》ゆうこ　ニュースター・プロダクション所属

林《はやし》紘平《こうへい》　幸福の科学メディア文化事業局チーフ 兼 アリ・プロダクション（株）チーフ

阿部《あべ》一之《たかゆき》　幸福の科学事務局事務部部長

橘《たちばな》百花《ももか》　ニュースター・プロダクション所属

長谷川奈央《はせがわなお》　ニュースター・プロダクション所属
佐藤悠人《さとうゆうじん》　幸福の科学広報局法務室長 兼 ＨＳＵ講師
佐藤直史《さとうなおふみ》　幸福の科学出版社長
木村智重《きむらともしげ》　幸福の科学学園副理事長（中高担当）
村田堅信《むらたけんしん》　幸福の科学人事局担当専務理事

第1章　宏洋《ひろし》氏の子供時代

1　愛されて育った幼少期

大川宏洋《おおかわひろし》氏は、一九八九年二月二十四日、秋田県矢島町《やしままち》（現・由利本荘市《ゆりほんじょうし》）で生まれた。実母・きょう子《こ》氏の父が産婦人科の開業医であったため、里帰りをしての出産だったという。

当時、幸福の科学は立宗《りっしゅう》三年目にして急成長中であり、大川隆法総裁（当時・主宰《しゅさい》）は全国各地で行われる講演会やセミナーに加え、会員指導や講師育成のために多忙《たぼう》を極《きわ》めていた。そのような時期に宏洋氏は、大川総裁ときょう子氏と共に、東京・関町《せきまち》の一軒《けん》家で幼少期を過ごしている。

宏洋氏は、異常な環境《かんきょう》下で〝虐待《ぎゃくたい》〟を受けて育ったかのような主張を繰《く》り返しているが、実際に、幼少時の宏洋氏はどのような教育環境に置かれていたのか。その真偽《しんぎ》を探《さぐ》るべく、幼少時の宏洋氏を知る元秘書たちの証言を集めた。

●公園に行ったり、絵本を読み聞かせたりして過ごした幼児期

諏訪裕子　私が接していたころの宏洋さんは、すごくかわいい赤ちゃんでした。

私は、もともと総合本部のほうで秘書をしていたのですが、宏洋さんの年齢《ねんれい》で言うと一歳《さい》半から二歳ぐらいの間に、関町のご自宅のほうに通《かよ》ってお世話をしました。まだお子さんは第一子の宏洋さんのみで、長女の咲也加《さやか》さん（現・幸福の科学副理事長 兼《けん》 宗務《しゅうむ》本部総裁室長）がお腹《なか》のなかにいるころですね。

その後、本格的な養育係の女性が来られるのですが、それまでの間、私のような従来の秘書がご自宅のほうの秘書も兼《か》ねるという感じでした。私のような総合本部兼務の秘書一人と、その養育係の方とか、家事を専門にされる方とか、一歳半から二歳までは、だいたい三人ぐらいでお手伝いしていたと思います。

関町のお家は総裁先生のご自宅兼仕事場でしたので、日中、総裁先生は、執筆《しっぴつ》や読書、瞑想《めいそう》など、宗教家としてのお仕事をされています。その間、宏洋さんは、「パパのお仕事の邪魔《じゃま》にならないように、こっちで遊んでてね」という感じで、私たち秘書に預けられていたんです。

関町のご自宅に行くときは、朝早くから行って夕方までいましたね。朝、お部屋の障子《しょうじ》や窓

を開けたりして待っていると、お母様のきょう子さんに連れられて宏洋さんが二階から下りてきました。ちょうど歩き始めの時期だったので、手をつないで歩いて降りてきて、「じゃあ、お願いします」という感じでお預かりして。

その後、朝食を食べさせて、お着替《きが》えをして公園に連れていって、帰ってきて昼食、それからお昼寝《ひるね》をさせるんですけど、寝ないときはおんぶしてゆすったりしながら寝かしつけて。あとは、絵本の読み聞かせとか、カードのお遊びとか、そんなことをして、一日を過ごしていました。いわゆるお世話係というか、お守《も》り係ですね。

絵本はたくさんありました。ごく一般《いっぱん》的な、「はたらくのりもの」の本とか、よくある絵本です。読み聞かせると、ちゃんと聞いていましたね。

ただ、ときどき、宏洋さんのわがままが過ぎるときがありました。そういうときは、きょう子さんが、「ちょっとおいで」と、私たち秘書にあまり声が聞こえないように、お風呂場《ふろば》のほうに宏洋さんを連れていって、叱《しか》っていることがありました。

この関町時代の宏洋氏について、大川隆法総裁は次のように振《ふ》り返っている。

長男は神経質で癇《かん》の強いところがあり、親の姿が見えないとすぐ泣き始めるような子だったので、これは大変でした。

私がリビングで本を読んでいても、目を離《はな》すと、育児をしている別の部屋から這《は》い出してきて、階段をワーッと這い上がってくるのです。まだ立ってもいないころでしたが、ものすごく速い速度で階段を這い上がってきていました。なので、私は本を読んでいても、気配を感じたら慌《あわ》てて出ていって、途中《とちゅう》で止めるということがあり、ものすごく神経を使ったのを覚えています。

『直撃《ちょくげき》インタビュー　大川隆法総裁、宏洋問題に答える』より

また、宏洋氏が二歳になる直前、一九九一年二月十六日に妹の咲也加氏が誕生するが、咲也加氏も、この関町の自宅で暮らした時期があるという。

咲也加氏は、著書のなかで次のようなエピソードを紹介《しょうかい》している。

私が生まれたころは幸福の科学の草創期で、東京都練馬《ねりま》区の関町にある一軒家に住んでいました。そのころの父が自宅で私や兄の宏洋を抱《だ》っこしている写真が残っており、

父が本を読みながら二人の赤ちゃんを抱きかかえている、今見るとほほえましい写真などもあります。

私が一歳、兄が三歳ぐらいまでは、その関町の家に住んでいました。お手伝いをしてくださる幸福の科学の職員のスタッフも何人かいらっしゃったのではないかと思いますが、両親が食事をするときは、スタッフも一緒《いっしょ》に食事をし、子供の面倒《めんどう》も見る、という生活だったようです。部屋数もそれほどたくさんあったわけではありませんので、必然的に、兄と私は比較《ひかく》的長い時間を両親と過ごせたのではないかと思います。

兄は、まだ歩けずハイハイをしていたころは、父の姿が見えなくなることに耐《た》えられず、トイレに行くときもついてくる赤ちゃんだったそうですので、父が勉強をしているときなどに、兄は同じ部屋にいたこともあるのではないでしょうか。

また、私が生まれる前は、夜は父と母（実母・きょう子）と兄の三人で、一緒のベッドに寝ていたそうです。母が寝返りを打ったときに、兄がベッドから落ちてしまったこともあり、そのとき、父は兄の頭に大事はないかをとても心配したそうです（実際は右鎖骨《さこつ》にヒビが入っていたことを、三カ月後に父は知ったといいます）。

兄は母と公園デビューもしていて、兄は「かわいい、かわいい」と周りのお母さんたちにも大人気だったようです。母は公園で「かわいい」と声をかけてもらうのがうれしくて、何度も公園に足を運んだといいます（笑）。

本人は忘れているかもしれませんが、やはり、幼少期は、兄がいちばん両親の愛情を受けて育っていると思います。

また、聞くところによると、兄は一、二歳のころ、『にんじんさんがあかいわけ』（童心社）という絵本が好きで、父に、よく読み聞かせをせがんだそうです。

父は講演会のあと、自分の説法《せっぽう》映像を自宅で見返すのですが、みんなでそれを観《み》ていたときに、兄は説法の内容が分からなくて悔《くや》しかったのか、途中で絵本を持ってきて、「これを読んでくれ」「僕《ぼく》に分かるように読んでくれ」と言わんばかりに差し出してきたのだそうです。父は、兄が持ってくるかぎり、何回でも読んであげたといいます。

『娘《むすめ》から見た大川隆法』より

実際、大川隆法総裁が、宏洋氏に絵本を読み聞かせている場面を見たスタッフもいる。

●仕事の合間にソファで宏洋氏に絵本を読み聞かせていた大川隆法総裁

山口篤　私は宏洋君が生まれた一九八九年の十月に秘書課に配属になって、総裁先生を関町のご自宅から、当時、総合本部があった紀尾井町《きおいちょう》ビルに送迎《そうげい》するとか、そういう仕事をやっていました。そのときに、ようやくハイハイをして、立ち始めるくらいの宏洋君を見かけることはありました。公園に連れていったこともあるかな。

あと、総裁先生がリビングで、宏洋君に絵本を読んであげているのを見かけたことがあります。リビングの前を通ったときに、ふと見たら、総裁先生が宏洋君を膝《ひざ》の上に抱っこしていたのか、そばに座《すわ》らせていたかして、絵本を読んでいたんです。「ああ、ソファの上で読み聞かせをされているな」と思ったのが、記憶《きおく》に残っていますね。

総裁先生は、ご自宅でも著者校正などのお仕事をされていましたので、その合間合間に、読んであげていたんじゃないかと推測するんですけれども。本当に「愛情深いお父さん」という感じで、接していらっしゃいました。

宏洋氏は、子供時代、両親にあまりかまってもらえなかったかのような発言を繰り返しているが、咲也加氏が述べているとおり、子供時代の宏洋氏を知る人々は、口を揃《そろ》えて、「むしろ宏洋氏が、いちばん愛情をかけられていた」と証言する。

●宏洋氏が怪我《けが》をしたかと思えば、すぐに病院へ

山口篤　総裁先生は、宏洋君のことをものすごく愛していたと思いますよ。

これはご自宅が五反田《ごたんだ》に移ってからの話ですけど、こんなことがありました。夜、家族団欒《だんらん》の時間に、総裁先生と宏洋君がレスリングか何かをしていたらしいんですね。それで宏洋君が先生に向かっていって、先生はそれをやんわりかわそうとしたんだけれども、宏洋君が転んでしまって、先生もバランスを崩《くず》して、宏洋君の上に乗っかっちゃったことがあったんだそうです。

お腹かどこかを圧迫《あっぱく》したみたいで、「これはえらいことになった」ということで、夜十時ぐらいだったと思うんですけど、医師免許《めんきょ》を持っている職員を呼び、私も呼ばれて駆《か》けつけました。そのとき、先生は宏洋君のことをすごく心配されて、「今から救急病院に連れていってほしい」とお願いされました。

私は運転手で、宏洋君とその元医師の職員と女性秘書を乗せて病院に行ったんです。先生は、

その車をずっと見送っておられましたよ。車が角を曲がって完全に見えなくなるところまで見送ってらっしゃいました。きょう子氏と、あと女性秘書が二人ぐらいいたと思うんですけどね、総裁先生だけが、車が見えなくなるところまで見送っていた記憶があるんですよね。

それで病院に連れていって診察《しんさつ》をしてもらったところ、何ともなかったので、そのまま帰ってきたんですけど、そのときも、総裁先生はお一人で駐車場《ちゅうしゃじょう》に出て待っていましたから。当時は、たぶん携帯《けいたい》電話が出始めのころで、「もうすぐ到着《とうちゃく》します」という連絡《れんらく》を入れたと思うんですよ。それで出てこられていましたね。

あのときの先生の心配そうなというか、狼狽《ろうばい》したようなお顔は、私は初めて見ました。その後もないです。「僕が乗っちゃったんだ。僕が悪かった」「本当に大丈夫《だいじょうぶ》か。ひろちゃんを頼む」という感じの言い方をされていましたね。宏洋君が四歳か五歳のころだったと思います。

だから、総裁先生は、宏洋君のことを愛していたと思いますよ。でも、宏洋君はそれが分からない。本当に、「どれだけ先生が愛してると思ってるんだよ」ということですね。

●誰《だれ》よりも宏洋氏のことを心配していた大川隆法総裁

黒田由紀　私は、宏洋さんが四歳、咲也加さんが二歳のときから八年間、秘書をさせていただきましたが、五反田時代、総裁先生が宏洋さんとお相撲《すもう》を取って、間違《まちが》って、宏洋さんの上に乗っちゃったことがあったんです。先生が、「どうしよう、宏洋の上に乗っちゃった」と心配されていたので、「すぐに病院に連れていきましょう」ということになって手配をしました。

宏洋さんが病院に行っている間も、先生はすごく心配されて、「大丈夫かな」と何回も訊《き》かれた覚えがあるので、本当に心配されていました。

その後、病院から、「大丈夫でしたよ」という電話が来たのでお伝えしたら、総裁先生はお一人で駐車場まで迎《むか》えに行かれました。そんなこと、めったにないんですけど。

●家族旅行も宏洋氏のための日程が組まれていた

黒田由紀　宏洋さんは、長男ということで期待もされて、かわいがられていたと思います。きょう子さんが「長男を立てる」という方針でしたので、長男としての扱《あつか》いをするというか、そういう空気はありました。

家族旅行も、伊勢志摩《いせしま》、長崎、沖縄《おきなわ》、那須《なす》、鬼怒川《きぬがわ》などがありましたが、そうしたご旅行も、宏洋さんの社会科見学のためでもあって、伊勢志摩のときは、名古屋《なごや》の自動車工場の見学も入れて、「伊勢志摩・名古屋」旅行だったんです。宏洋さんの勉強のために旅行を組んだんです。

海外旅行は、宏洋さんだけ、オーストラリアに連れていってもらっています。
また、宏洋さんが小学校時代に塾《じゅく》から帰ってくるときは、総裁先生は必ず待っていてくださって、「宏洋、塾はどうだった?」と声をかけられていました。

2 「祖父母と過ごした時間の方が長かった」の真相

宏洋氏は「週刊文春」(二〇一九年二月二十八日号)の記事で、「三歳《さい》くらいまでは秋田と東京を行ったりきたりする生活でした。当時、父がオウムの暗殺者リストに入っているという情報もあり、少しでも異変があれば、生活の面倒《めんどう》を見てくれる秘書と一緒《いっしょ》に秋田に向かいます。だから幼少の頃は、両親よりも祖父母と過ごした時間の方が長かった」と主張しているが、まず、基本的な事実誤認を指摘《してき》しておきたい。

宏洋氏が三歳だったのは一九九三年二月二十三日までだが、大川隆法総裁がオウム真理教に監視《かんし》され、狙《ねら》われていると警察から警告を受けたのは、一九九五年に入るころのことだ。実際にVXガスによる暗殺未遂《みすい》事件が起きたのは一九九五年一月で、明らかに年代がずれている。宏洋氏の発言には、このような基本的な記憶違《きおくちが》いや虚偽《きょぎ》発言が数多く含《ふく》まれているため注意が必要である。

また、秋田での滞在《たいざい》期間や滞在理由についても、妹の咲也加氏は次のように証言している。


兄は「幼少期は秋田で過ごした時間のほうが長かった」というようなことを言っていますが、父によると、「大講演会があるときなどに秋田に行かせたことはあるけれども、講演会が終わったらすぐに東京に戻《もど》っていた」ということですので、「放置されていた」ということはないと思います。大講演会のときに、母がそちらに同行しなければいけないという理由で、兄が秋田に預けられたということです。数カ月ということはなく、一、二週間ぐらいかと思いますので、それをもって育児放棄《ほうき》とは言えないのではないでしょうか。

例えば、皇室でも、天皇陛下《へいか》と皇后陛下が外遊をされているとき、お子様がたはスタッフが面倒を見ていると思います。美智子《みちこ》上皇后陛下も、皇后時代、今上《きんじょう》天皇陛下がまだ赤ちゃんのときに外国に行かれて、二週間ぐらい離《はな》れ離れになられたことがあったそうです。

そのように、仕事上、心ならずも、一時期的に子供と離れなければならない立場の親もいるわけです。

また、私たちが小さかったとき、東京の家で秋田の祖母に抱《だ》っこされている写真が残っています。兄は必ずしも秋田にずっと預けられていたわけではなく、秋田の祖母が東京に手伝いに来てくれることもありました。

父の実家である徳島の祖父母が、私や兄を抱っこしている写真も残っていますので、それぞれ徳島と秋田から孫に会いに来ていたということです。

小学校以降は、「スキーをしたい」という理由で、兄が自《みずか》ら秋田に行ったりもしています。私も秋田に預けられたことはありましたが一時的なもので、ずっと秋田に行っていたというのは、当時のスケジュール表も確認してみましたが、ありませんでした。

また、父や母が仕事で長期不在のときは、スタッフの方々が東京ディズニーランドや芋掘《いもほ》りに連れていってくれるなど、レクリエーションが充実《じゅうじつ》していました。スタッフのみなさんが、あの手この手で、私たちに寂しい思いをさせないように考えてくださっていたのだと思います。「ほったらかしにされていた」というよりは、むしろたくさん遊びに連れていってもらっているような感じでした。


（二〇一九年七月十一日インタビュー）

３「お父さんが大好き」だった宏洋氏

現在、大川隆法総裁を誹謗中傷《ひぼうちゅうしょう》している宏洋氏だが、幼少時は、「お父さんが大好き」な子供であったことも、複数の元秘書が証言している。

●「お父さんと一緒《いっしょ》に行く！」と泣き叫《さけ》んでいた

愛染美星　私は、紀尾井町《きおいちょう》ビルの総合本部のほうの秘書でしたけど、たまに、宏洋君も紀尾井町ビルに見学に来ることがありました。

宏洋君は、総裁先生のことが大好きでしたよ。

ご家族の京都旅行に同行したこともあるのですが、向こうで、総裁先生が古書店を回られるときなど、そうしたところには宏洋君を連れていけないので、私と養育係の女性とで太秦《うずまさ》の映画村に連れていきました。

でも、宏洋君は、「パパと一緒《いっしょ》に行くー！」と言って泣き叫《さけ》んでしまって。一回「嫌《いや》だ」と言い始めたら、絶対言うことをきかないようなところはありましたね。

●将来は「パパみたいになりたい」と言っていた

饗庭慶子　私は、メインは総合本部の秘書で、ご自宅のほうは、週に何回か秘書の人手が足りないときに、「今日は育児」「今日は家事」とか、本当にピンチヒッター的な役割だったと思います。最初は、宏洋君が四歳《さい》で、咲也加《さやか》さんが二歳のときです。

宏洋君は、当時すでに、普通《ふつう》のお子さんよりは、わがままになっていたかなとは思います。例えば、これは別の女性秘書さんから聞いた話ですけど、宏洋君がちょっと怪我《けが》をしたので病院に連れていったとき、お医者さんが消毒しようとすると、「そこに塗《ぬ》ってはいけないんだ」と、お医者さんに命令をして、お医者さんに「それは僕《ぼく》が決めるんだよ」と言われたとか。いわゆる王子様キャラですね。

ただ、宏洋君からは、「総裁先生への憧《あこが》れ」というのをすごく感じました。「将来、何になりたい？」と訊《き》いたら、「パパみたいになりたい」と言っていたんです。でも、「お祈《いの》りとか、仏法真理《ぶっぽうしんり》の勉強とかは、やらないよ」と言う。「僕はお祈りなんかしない」という感じでしたね。

我《が》を通す感じとか、そういうところは、小さいときから出ていたのかもしれません。

あと、一時期、総裁先生がマスコミに追われてご自宅に帰れなくなって、ご一家で都内のマンションに滞在《たいざい》していただいたことがありました。

そこは仮住まいのあまり広くないマンションで、宏洋君は、すぐに総裁先生のところに行きたがって騒《さわ》ぐので大変でした。「パパのところに行く！」「絶対パパと遊ぶんだ！」「パパがいい！」とわめいてしまって、結局、総裁先生が出てきてお相手をしてくださることがありました。

咲也加さんは、小さいときから聡明《そうめい》でしたね。二歳ぐらいでも、きちんと自分の意思表示をされていましたので。

宏洋君もよくしゃべりましたが、自由奔放《じゆうほんぽう》な印象があったのと、あと、朝がとても弱かったですね。起こしても、また寝《ね》てしまう。咲也加さんは朝、パチッと目を開いて、いい子にしてくれましたが、宏洋君を起こして着替《きが》えさせて、そのあと咲也加さんを着替えさせていたら、また宏洋君が寝ていたとか、そういうことがよくありました。

●「パパによく見られたい」という気持ちはあったはず

佐藤正　私は、宏洋さんが小学校二年生の年の夏から、主に理科の勉強を見ていることが多かったです。それは九九年の夏までだったと思うんです。なので、教えたのは、宏洋さんが小学二年生の夏から五年生の夏ぐらいでしょうか。

小学生のころは、宏洋さん、やっぱりパパが大好きでしたよ。

私たちの前でふざけていることがあっても、総裁先生が来ると、ピシッとしていましたから。実際は、ふざけている時間があったりしても、先生が来られると、「ちゃんと、やっていましたよ」という感じで。「パパによく見られたい」というのはあったから。先生の前ではきちんと受け答えもしていたし、「ちゃんと頑張《がんば》っていますよ」という感じでした。最近のような、すごく荒《あ》れた感じはなかったですよ。

ただ、当時から、現実にあったことと、宏洋さんが言うことが、「それは、ちょっと違《ちが》うだろう」っていうのはありましたね。ちょっと〝盛っている〟というか。子供なので、そういうこともあるのかなと思っていましたけどね。

4　落ち着きのない性格

また、宏洋氏は、勉強時間になってもなかなか机につこうとせずに家庭教師を困らせ、外でも急に走り出すような落ち着きのない性格だったという。

●机にじっと座《すわ》っていられない性格だった

黒川白雲　宏洋氏は好き嫌《きら》いがはっきりしていて、好きなことは夢中になってやるけれども、それ以外は、落ち着きなく動いていて、集中力がもたない。机にじっと座《すわ》っていられないタイプでしたね。

外出時も、けっこう走り回るので、秘書が一生懸命《いっしょうけんめい》走って追いかけていました。

勉強では、算数がものすごく苦手《にがて》で、二桁《けた》とか三桁の足し算・引き算から、もう行き詰《づ》まっているような感じでした。本人も嫌がるというのもあるし、集中力がもたないんですよね。算数になるともう、机に向かっても二十分ももたないです。部屋のなかを動き回ったり、外を眺《なが》めたりで、教育担当者も苦労していました。

●周りの迷惑《めいわく》を顧《かえり》みず、無茶をするたちだった

山口篤　年に何回かは、ディズニーランドとか、上野《うえの》動物園とか、池袋《いけぶくろ》のサンシャイン水族館とかにも行きましたね。それは、きょう子氏と一緒《いっしょ》に行ったり、総裁先生も、仕事が終わって

から合流する感じで来られたりしたことはありました。

そういうときの宏洋君は、興味が惹（ひ）かれるものにダーッと走っていったりするので、秘書が慌（あわ）てて、「危ないですよー」と言いながら追いかけていくようなこともありましたね。ときどき無茶をするんで、宏洋君は。

遊園地のゴーカートってあるじゃないですか。二人乗りのゴーカートがあって、私と宏洋君で乗ったことがあったんです。ハンドルが二人分付いていて、どちらも運転できるような感じのものです。そのとき、宏洋君にハンドルを任せて運転させてみたら、宏洋君は「ゴー！」と言って勢いよく飛び出して、そのままカーブを曲がり切れずにぶつかって、ハンドルに頬をぶつけて青たん（青あざ）をつくっちゃったんです。

あとは、例えば、夏に家庭用の花火とかをやるじゃないですか。そういうものを宏洋君に持たせると、振り回して危ないんですよ。宏洋君はけっこう周りの迷惑（めいわく）を顧（かえり）みず、そういう無茶をするんです。

今、彼の YouTube（ユーチューブ）を見ると、「あのころの子供が、そのまま大きくなっている」という感じにしか見えないですね。他人に迷惑をかけてもへっちゃらで、大人になり切れていないんじゃないでしょうか。

5　幼少時の教育方針

宏洋氏は五人きょうだいだが、そのなかで、上の二人の宏洋氏と咲也加《さやか》氏は幼稚園《ようちえん》には通っていない。

宏洋氏は、「週刊文春」（前掲《ぜんけい》）の記事で、「幼稚園には通うことはなかった。その代わり、朝八時から夜の八時まで『太陽の法』（幸福の科学出版刊）などの経典《きょうてん》を叩《たた》き込《こ》まれました」と、その間、世間《せけん》から隔離《かくり》されて洗脳《せんのう》教育を受けたとでもいうような言い方をしているが、当時を知る秘書に聞くと、事実はまったく異なっていた。

実際、大川家で行われていた教育や宏洋氏の様子はどのようなものであったのか、当時の教育責任者であった喜島克明は次のように証言する。

●複数の幼児教室や習い事に通っていた

喜島克明　私は一九九三年の夏に、幼児教育の責任者となりました。宏洋氏が四歳《さい》、咲也加さんが二歳、次男の真輝《まさき》君が生後三カ月ぐらいだったかと思います。

当時は、母親のきょう子《こ》氏が、実質的な教育の長《ちょう》でした。

当時の宏洋氏は、「やんちゃで元気な四歳児」という印象でしたが、自己主張は強かったです。

宏洋氏と咲也加さんは、いわゆる幼稚園には通っていませんでしたが、幼児教育の大手塾《じゅく》であるとか、英会話教室であるとか、ドルトンスクールという、アメリカ発の教育法に基《もと》づく幼児教室にも通っていました。

宏洋氏は今、YouTube《ユーチューブ》等で、「自分は幼稚園に行かせてもらえなかった」と非難しているけれども、いろんな塾や習い事には行っていて、それが幼稚園代わりだったということです。

ただ、それも、宏洋氏自身が、「嫌《いや》だ！　行かない！」と言って駄々《だだ》をこねるので、長続きしなかったということはあります。「やだー！」と言って逃《に》げていく宏洋氏をつかまえて車に乗せようとしても、絶対に乗らず、「やだー！　やだー！　やだー！」と一時間近く粘《ねば》ることもあり、どうしても車に乗らないときには、きょう子氏が出てこられて、「今日はいいです」と言ってお休みしていました。

私たちとしては、連れていくために、日々バトルでした。そのため、宏洋氏の教育担当、養育担当は、どんどん人が替《か》わっていきました。誰《だれ》をつけても宏洋氏が言うことをきかないからです。宏洋氏の教育担当は、〝ミッション・インポッシブル〟と言われていました。

前出の山口職員も、そのような場面に居合わせた一人である。

●幼児教室に行きたくなくて暴《あば》れることがあった宏洋氏

山口篤　宏洋君が四歳ぐらいのとき、幼児向けの教室やお稽古事《けいこごと》に、車で送迎《そうげい》する仕事がありましたね。

あまり言うことをきかない子でしたよね。すぐに癇癪《かんしゃく》を起こして、「行きたくない!」と言い始めるタイプだったので、それを女性秘書が、「ひろちゃん、一緒《いっしょ》に行こうよ」「何か楽しいことがあるかもよ」と、何とかなだめて連れていっていたという感じです。

癇癪は毎回ではなかったと思いますけれどもね。十回に三、四回ぐらいはそんな感じで、ごねて暴《あば》れて。まあ、小さいので大したことはないですが、女性秘書に殴《なぐ》りかかったりすることもありました。

●子供のころから協調性に乏《とぼ》しく、共同作業が苦手《にがて》だった宏洋氏

喜島克明　特に、試験のある日や、前回、嫌《いや》なことがあったところなどは、行きたがりません

でした。

例えば、教室の先生から養育係が、「宏洋君は協調性が低くて、いつもこんなことをしています。何とかなりませんか」などと言われていたら、それを敏感《びんかん》に感じ取るんです。「何か悪いことを言われている」ということは分かるんですね。そうすると、「もう、あそこには行かない！」となる。

大人の言動を敏感に察知しているんです。誰が秘書グループの長で、誰が二番目でとか、序列みたいなものも敏感に見て取っていましたね。

女性の養育係も、「この人は厳しいから嫌だ」とか、「この人は優《やさ》しい」「受け入れてくれる」とか、合う・合わないがありました。受け入れてくれる人でも、一度、叱《しか》られたら、そのあとは駄目《だめ》になったりします。一度でも叱られたら、「この人は叱ることもある人だ」というのは、しっかりと認識するんです。

宏洋氏は、要は、自分の好きなものに対してはすごく集中するんです。集中したらすごく集中できるけれども、それ以外のものに対する注意力は散漫《さんまん》になる。

彼が今やっていることを見ても、非常に「思い込《こ》みが激しい」と思うんですね。それが悪い方向に出ると、人のことをあまり気にかけない、自己中心ということになります。

●「最高の教育を提供したい」という思いで取り組んでいた

喜島克明　宏洋氏と咲也加さんが、いわゆる幼稚園に行かなかったのは、咲也加さんがご著書『娘《むすめ》から見た大川隆法』（大川咲也加著、幸福の科学出版刊）でおっしゃっているように、そのころ、宏洋氏と咲也加さんは総裁先生の講演会によく同行されていたので、通常の幼稚園には通いにくかったということもあります。普通の幼稚園は、基本的に毎日行かなくてはいけませんし、親子参加の行事も多いですから。

また、私たちとしては、むしろ、「どの幼稚園でも提供できないような、高度なプログラムを家庭でつくって提供する」という思いで取り組んでいました。

実際に通った幼児教室以外にも、さまざまな教育法の塾や教室を見学したり、教材を研究したりして、「ここは家庭でやったほうがいい」という部分は、家庭内で家庭教師的に教えることも行《おこな》っていました。塾も教材も絵本も、使えるものは使うという考え方ですね。

きょう子氏は、家庭教育としては、本をたくさん読ませていました。小学校に上がる前に「延べ一万冊、読ませる」という方針だったんです。絵本は一日二十冊以上で、四歳ごろには、絵本のなかでは文字の多い、小学校低学年向けの絵本も読んでいたのではないかと思います。

ですから、宏洋氏が言う「朝八時から夜の八時まで『太陽の法』（前掲）などの経典を叩き込まれた」というのは、明らかに嘘です。

また、夏にご家族で、避暑地《ひしょち》で静養をされているときに、子供たちがカブトムシやクワガタを捕《と》ってくるので、カブトムシを飼っていたことはありました。これは理科教育の一環《いっかん》として行っていました。

宏洋氏は、今は虫が苦手《にがて》のようですが、小さいころは虫捕りが好きでしたね。宇都宮《うつのみや》に住んでいたことがあるのですが、よく一緒に虫捕りに行きました。

家族行事は、節分や雛祭《ひなまつ》り、七夕《たなばた》、クリスマスもやっていました。

このように、幼児期の宏洋氏には、非常に手厚い教育が行われていたことが窺《うかが》える。また、宏洋氏と同様、通常の幼稚園には通っていなかった咲也加氏は、次のように述べている。

（兄は幼稚園に行かせてもらえず、また、家が宗教だったせいで友達ができなかったと言っていましたが）私も幼稚園には行きませんでしたけれども、友達がいっぱいおりました。これは、人によって、友達ができにくい性格の人と、友達ができやすい性格の人がいるというだけのことだと思います。

上の子二人が幼稚園に行かなかったことについては、渡部昇一《わたなべしょういち》先生の教育論で、幼稚園に行かないほうが知的な人間になれる可能性があるというように書かれたものをお読みになり、実践《じっせん》したという事実があります。ただ、それによって、宏洋さんが人とコミュニケーションを取るのがちょっと苦手になったように見受けられたため、方針を改め、真輝さん以降は幼稚園に行っております。

『直撃《ちょくげき》インタビュー大川隆法総裁、宏洋問題に答える』より

６「カブトムシ発言」の真相

なお、夏にカブトムシやクワガタを捕《と》って育てていた件について、宏洋氏は「週刊文春」（前掲《ぜんけい》）の記事で、「父は虫が好きで、別荘《べっそう》内の雑木林にシーツを張り、カブトムシやクワガタを捕りました。昆虫《こんちゅう》が集まっていると、『おー、いたぞ！』と喜ぶんですが、実は早朝に秘書たちが店で買ってきたカブトムシやクワガタを野生に見せかけて置いていたのです。高

学年になると、そうした裏事情も分かっていましたが、父の機嫌《きげん》を損《そこ》なわないために、『良かったね』と声をかけていました」と発言しているが、それについても事実を歪曲《わいきょく》している。

●宏洋氏がいちばんはしゃいでいた事実をすり替《か》えている

松田三喜男　私が最初に宏洋氏に接したのは、宏洋氏が小学校四年生のときから中学一年生の秋ぐらいまでです。ですので、小学校高学年の宏洋氏を見ています。

宏洋氏は、総裁先生が昆虫好きで、昆虫が集まっていると喜ばれていたというような言い方をしていましたが、「それは自分でしょう」と言いたいですね。

秘書たちが早朝に仕《し》掛《か》けておくことはあったのですが、それを喜んで捕っていたのは宏洋氏でした。捕《つか》まえたクワガタやカブトムシを、一匹《ぴき》一匹小さい虫かごに入れて、ちゃんと土も入れて、木を置いたり、ゼリーを入れたりして、それこそ、二十個、三十個と溜《た》まっていくんですけど、それをリビングのカウンターに並べて、いちばんかわいがっていたのは宏洋氏です。

ですから、彼が言っているのは、自分自身のことなんですよ。自分自身がいちばんはしゃいでいたはずなのに、それを、いかにも先生がそうであったようにすり替《か》えて言っているんですね。そういうところは、ずるいと思います。私たち秘書は見ていましたから。いちばん喜んでいたのは宏洋氏です。

７「東大合格」を義務づけられてはいない

宏洋氏は「週刊文春」（前掲《ぜんけい》）の記事で自《みずか》らの進路について、「小学校に上がる前から、『とにかく東大法学部に現役《げんえき》合格せよ』と言われ、義務づけられていました。『東大、早、慶以外は大学ではない』と言うのです」などと語っているが、それは大川隆法総裁の教育方針ではなく、きょう子《こ》氏独自の教育方針であり、義務づけもなかったという。そのことについて、咲也加《さやか》氏は次のように述べている。

（兄が）勉強も苦手《にがて》で嫌《きら》いであったところを、実母がすごく怒《おこ》っていましたので、何とか勉強させようと、家庭教師をつけたり、「将来、人の上に立つならば、ある程度の学歴も必要だ」ということで、進学校といわれるところを見学させたり、「将来、東京大学のような一流大学に行ってほしい」という願いを込《こ》めて、そういった進路を出したことはありました。そして、総裁先生はそれを見守られていたというかたちです。

母は、ご自身の経験から、「東京大学に行けば人生が変わる」と思っているタイプの方であったので、そのことを息子《むすこ》に繰《く》り返し伝えてはいました。その当時、総裁先生は講演会等でお忙《いそが》しくされていて、すべての時間を子供との時間に費《つい》やすことができませんでした。ですから、実質上、宏洋さんに下されていた教育方針というのは、母から出ていたものということになります。

『直撃《ちょくげき》インタビュー 大川隆法総裁、宏洋問題に答える』より

ここで、『娘《むすめ》から見た大川隆法』にも掲載《けいさい》されている、「大川家の家訓」を紹介《しょうかい》する。

大川家《おおかわけ》・家訓《かくん》（わが家《や》のいましめ）

大川隆法《おおかわりゅうほう》

第一条《だいいちじょう》 自分《じぶん》も他人《ひと》も幸福《こうふく》になるように生《い》きるのが人生《じんせい》の基本《きほん》である。

第二条《だいにじょう》 空《から》の袋《ふくろ》は立《た》たず。人間《にんげん》としての中身《なかみ》を充実《じゅうじつ》（豊《ゆた》かで、しっかりしていること）させよ。

第三条《だいさんじょう》 勉強《べんきょう》をしなければ、人間《にんげん》は猿《さる》と変《か》わらない。学問《がくもん》が文明《ぶんめい》・文化《ぶんか》を創《つく》った。

第四条《だいよんじょう》　学問《がくもん》を武器《ぶき》として人生《じんせい》を戦《たたか》え。

第五条《だいごじょう》　健康《けんこう》であることは人生《じんせい》の宝《たから》だ。規則正《きそくただ》しい生活《せいかつ》をし、こまめに体《からだ》を鍛《きた》えよ。正直《しょうじき》で、礼儀正《れいぎただ》しく、謙虚《けんきょ》（うぬぼれず、素直《すなお》なこと）で、コツコツと努《ど》力《りょく》し続《つづ》けて、しかも、笑顔《えがお》をたやさない人間《にんげん》となれ。

第六条《だいろくじょう》　時間《じかん》に正確《せいかく》になることが、社会人《しゃかいじん》（仕事《しごと》をする大人《おとな》）としての信用《しんよう》のもとだ。一分《いっぷん》を無駄《むだ》に使《つか》うな。コマ切《ぎ》れ時間《じかん》を有効《ゆうこう》に使《つか》え。そして、他人《ひと》の時間《じかん》を奪《うば》うな。

第七条《だいななじょう》　他人《ひと》に貸《か》しはつくっても、借《か》りはつくるな。自助努力《じじょどりょく》を基本《きほん》とし、生活力《せいかつりょく》、経済力《けいざいりょく》を身《み》につけよ。

第八条《だいはちじょう》　責任感《せきにんかん》あふれる人間《にんげん》となれ。どこまで責任感《せきにんかん》を感《かん》じるかが人間《にんげん》としての器《うつわ》の大《おお》きさだ。

第九条《だいきゅうじょう》　失敗《しっぱい》や挫折《ざせつ》に負《ま》けない、打《う》たれ強《づよ》い人間《にんげん》となれ。逃《に》げるな。ごまかすな。道《みち》は無限《むげん》にある。

第十条《だいじゅうじょう》　よく反省《はんせい》し、よく祈《いの》れ。どのような考《かんが》え方《かた》を持《も》ち続《つづ》けるかで、あなたの未《み》来《らい》は決《き》まる。自己《じこ》の欲望《よくぼう》（ほしがる心《こころ》）をふくらませるのではなく、世《よ》のため、人《ひと》のため、仏神《ぶっしん》のために願《ねが》え。

以《い》上《じょう》

これを見れば、大川隆法総裁が勉学に励《はげ》むことを奨励《しょうれい》すると同時に、人格力や徳力を育《はぐく》む教育を重視していたことが分かる。実際、幸福の科学の後継者《こうけいしゃ》に指名されている咲也加氏は、大学受験の際、模試で東大合格A判定を何度も取っていたが、大川総裁からお茶《ちゃ》の水《みず》女子大学への進学を薦《すす》められている。このことからも、総裁が学歴至上主義ではないことは明らかである。

また、当時の様子を知る人たちからも、次のような証言を得た。

●厳しい実母をなだめる寛容《かんよう》な父親という関係だった

喜島克明　教育に関して総裁先生は、非常に寛容《かんよう》で穏《おだ》やかで、父として、とてもお優《やさ》しかったです。きょう子氏が〝厳しい担当〟でしたので、総裁先生は、だいたいなだめる側です。「そこまで言わなくていい」というような感じで、なだめたり、擁護《ようご》されたりしていました。

例えば、模擬試験の結果が出て、きょう子氏が、「このままじゃ駄目だ。全然成績が足りない」などと言うときに、総裁先生は、「この調子だと、志望校はこのへんになるだろうね」という感じで、模擬試験ごとの志望校の変更《へんこう》を見られていました。

●学歴主義だった実母

山口篤　きょう子氏にしてみれば、宏洋君は長男で生まれたので、小さいころからお勉強はトップクラスでなければいけないし、両親が東大なんだから、宏洋君も当然、大学は東大に入らなければいけないということでゴールを決めて、そこから逆算して、「今、これくらいのことをやっておかなければいけない」ということで、ぎゅうぎゅうに詰《つ》め込んでいたと。そんな感じに見えましたね。

総裁先生は、御法話《ごほうわ》でもおっしゃっているように、東大にはマイナス面もあるのをよくご存じですから。本人が行きたかったら東大を目指してもいいけど、親が無理やり行かせるものでもないだろうというお考えだったと思うんです。

宏洋君は、小さいころはよかったのかもしれませんけど、基本的に努力することが嫌いなので、「それ以上は伸《の》びない」という感じでしたね。

きょう子氏も、幼児教育本とか、教育者の本とかを読んだりして、いろいろと、「ああでもない、こうでもない。こういう感じがいいんじゃないか」というのを組み立てて、女性秘書や教育担当のスタッフに指示していたようでしたね。

ただ、いかんせん知識偏重《へんちょう》で、「自分が学んで、自分が考えてやることは全部正しい」という発想の方で、実践に裏打ちされたものではなかったので、そういう意味では、机上《きじょう》の空論《くうろん》的にやった部分が大きいんじゃないかな。

総裁先生は、「妻を教育していくのも自分の仕事だ」というふうに受け止められていて、きょう子氏はそれに対して、「何よ、うるさいわね」みたいな感じで、反論しているという印象を受けましたね。

ただ、当時は「教団の運営」をこれから軌道《きどう》に乗せるというときで、大変だったんですよ。だから、総裁先生も、客観的に見て、子育てのほうにかかりきりになっていられないところはあって。ときどき「ちょっとやりすぎじゃないか」みたいな注意はされるんだけれども、それ以上に、教団を安定化させるところに、かなりのエネルギーを取られていたという感じは受けましたね。

また、そもそも勉強のカリキュラムがしっかりと組まれるようになった経緯《けいい》には、実は宏洋氏自身の願いも影響《えいきょう》していたという証言も得た。

●二代目を目指したくて、自《みずか》らの意志で勉強を始めた

黒川白雲　私が宏洋氏と接したのは、宏洋氏が四、五歳のころから中学を卒業するまでの間です。何度かブランクはありましたが。

あれは、宏洋氏が小学校に上がる前後ぐらいでしたが、「どうせ僕《ぼく》は幸福の科学の二代目にはなれないんだ」と言っていた時期がありました。

というのも、宏洋氏が生まれる前の霊言《れいげん》がありまして、「自分は教団を継《つ》がない。弟妹《ていまい》たちに任せる」というような発言があったんですね。

それを知っていた宏洋氏は、「僕は二代目になれないんだ」と、女性の秘書の前でポロポロ泣いていたことがあったそうです。

本人は、「週刊文春」（前掲）やYouTube《ユーチューブ》などで、「『父の後を継ぎたい、宗教の仕事をしたい』と思ったことは一度もありません」と言っていますが、それは単に忘れているか、嘘《うそ》を言っているだけだと思います。「自分は後継ぎになれない」という宏洋氏の思いを受けて、宏洋氏本人の意向も汲《く》んで、「それだったら、頑張《がんば》って勉強してみるか」ということになって、き

ょう子氏が複数の家庭教師をつけた勉強体制を本格的に始めたんです。

だから、本人の意志もあったんですよね。二代目になりたかったんですよ。

もちろん、その勉強体制が組まれたことをもって宏洋氏が二代目に内定したというわけではなく、宏洋氏の自助努力が続くかが見られていたのだと思います。

●子供の決意や意志を尊重していた大川隆法総裁

武田亮　これは、宏洋氏以外のお子さんに対してもそうですが、総裁先生は基本的に、お子さんがたの、自《みずか》らの決意や意志をとても尊重されていたと思います。

また、「まだ小さいから、可能性はある」ということで、あまり小さいころに、すべてを決定しない、可能性を否定しないというお考えだったと思います。そして、その結果がどうなろうとも、いつも温かく受け止めてくださる。チャンスは与《あた》えてくださって、仮に、無理が来たら、「ちょっと調整したほうがいいんじゃないか」と、いつも手を差し伸べてくださるのも総裁先生でした。

8　多くの大人と接する環境《かんきょう》

大川隆法総裁ときょう子《こ》氏の教育方針の違《ちが》いとして、もう一つ、きょう子氏が、家事や子供の養育のためにスタッフをどんどん増やしていったことがある。

それは、第一子である宏洋氏妊娠《にんしん》中に、すでに始まっており、きょう子氏は自分が妊娠三カ月と分かったとき、「大きな家」と「お手伝いさん二名」を大川隆法総裁に求めたという。

一方、大川総裁は当初、「やはり、家のなかには、あまり人を入れないほうがいい。それはきちんと守らないと難しくなるから、もう少し頑張《がんば》ってやったらどうか」と言って、生活周りのスタッフを増やすことには反対していたという。特に、子供周りのスタッフについては、「お手伝いをあまりつけると子供が駄目《だめ》になるので、気をつけたほうがいい」「小学校に上がったらスタッフの人数を減らし、中学生以降は、そうした仕事自体をなくして、子供が自立できるようにすべきである」と主張していたそうだ。

しかし、きょう子氏は、「そうした考えは田舎《いなか》の人の発想で、東京の〝身分制社会〟ではありえない」と一蹴《いっしゅう》し、次第《しだい》に、料理や掃除《そうじ》、洗濯《せんたく》、子供の世話などを、スタッフに任せる体制をつくっていった。

きょう子氏がこうしたサポート体制をつくったのは、きょう子氏の実家が病院であったことも関係していると思われる。きょう子氏の実家は、入院もできるぐらいの規模の病院で、父は医師として診察《しんさつ》や回診に専念し、母が十人ほどの看護師と二人のお手伝いさんを取り仕切って、病院と家の仕事を切り盛りしていたという。

●僧職者《そうしょくしゃ》であるスタッフを「使用人」と言った実母

喜島克明　きょう子氏は、本来、僧職者《そうしょくしゃ》である宗務《しゅうむ》本部のスタッフを「使用人」だと思っていましたね。

一回、きょう子氏から、「従業員の人は、ここから入らないでください」と言われたことがあるんです。「えっ?」となって。「従業員って、僕《ぼく》のことですか」って。

きょう子氏のほうも、そのとき、「ちょっと言い間違《まちが》えたかな」という雰囲気《ふんいき》はありましたけど、訂正《ていせい》はされなかったですね。「そうかあ、出家者《しゅっけしゃ》のことを従業員だと思っていたのか」と。

私たちとしては、総裁先生の弟子《でし》だと、主エル・カンターレの弟子だと思ってやっていたんですけどね。

●宗務本部　幸福の科学の総裁周りの仕事をするセクション。

●大人を信用しなくなっていった宏洋氏

愛染美星　きょう子さんのお母様が秋田から東京に来られることがあって、そういうときは、私が駅までお迎《むか》えやお見送りに行っていました。そのとき、お母様は、よく送迎《そうげい》の車のなかで、きょう子さんの話をされていたんです。

とにかく、きょう子さんは、すごくよく勉強ができる子だったと。家庭教師をつけていたんだけれども、二、三カ月すると、もうその先生が不要になるということで、どんどん先生を替《か》えていったらしいんですね。「『あの先生は頭が悪いから、もういいわ』って、本当に、どんどん替えたのよ」「本当に、何カ月かしかもたないのよ」と、お母様はおっしゃっていました。

そのときは、「さすがだな」と思ったんですけど、今考えると、秘書の構造に似ているなとも思います。

あと、宏洋君も（変なところで）頭がいいですからね。自分の思いどおりにさせてくれないお兄さんやお姉さんについては、すぐにきょう子さんに言いつけて、しかも、「僕にひどいことをする人」と事実とは言いがたいことを言って、異動させていました。その繰《く》り返しだったと思います。だから、みんな、宏洋君の言いなりになっていたというのが、正直なところだっ

●エル・カンターレ　地球系霊団の至高神。地球神として地球の創世より人類を導いてきた存在であるとともに、宇宙の創世にもかかわるとされる。現代日本に大川隆法総裁として下生《げしょう》している。『太陽の法』『信仰の法』（共に幸福の科学出版刊）等参照。

たかもしれません。

●大人を見下す感じがあった宏洋氏

黒田由紀　宏洋さんは大人を見下す感じで、特に、「パパとママに言いつけてやる」という感じがあって、「困ったなあ」というのはありましたね。宏洋さんに厳しく接すると、宏洋さんはきょう子氏に言って、そうすると、「この秘書は宏洋には合わない」という感じで、異動になるということはありました。

宏洋氏の大人への接し方については、咲也加《さやか》氏も次のように語っている。

兄は、小さいころは甘《あま》やかされていたと思います。

特に、母は期待をかけていて、「大川家の長男として立派に育てよう」ということで、東大卒の家庭教師を呼ぶなど、たくさんの家庭教師をつけて勉強を見させていました。

ただ、私が見ていた範囲《はんい》では、「ちゃんと勉強しています」と報告は上げつつ、実際は、東大医学部卒とか東大法学部卒の家庭教師の方と一緒《いっしょ》に、兄はボール遊びなどをしていました。兄と私は勉強部屋が一緒だったり、近かったりしたので、そういう場面を見たことがあります。

なぜかというと、家庭教師の方が、兄にドリルなどをやらせようとするのですが、兄は単純作業や、「言われたものを、ただこなす」ということが、とても嫌《きら》いだったのです。絵本を読むとか、図鑑《ずかん》でクワガタの生態を調べるとか、そうした自分の興味があることはやるのですが、真面目《まじめ》にドリルをするのは嫌《いや》で、机に座《すわ》っても集中力が二十分も続かないので、家庭教師の方も困って、「とりあえずキャッチボールをしてから、勉強に戻《もど》ろうか」という感じでやっていたのです。

そうしているうちに、だんだん悪知恵《わるぢえ》がついてきて、人によって態度を変え始めるようになりました。「この人の言うことはきかないと怒《おこ》られる」「この人の言うことはきかなくても大丈夫《だいじょうぶ》」とか、「この人の前では、遊んでいても親に報告されない」「この人の前では、しっかり勉強しているように見せないとママにバレる」とか、そういうことを峻別《しゅんべつ》するようになったのです。それで、表裏《おもてうら》のある性格になったように思います。

（二〇一九年七月十六日インタビュー）

9 「監視《かんし》カメラ」の真相

宏洋氏が週刊誌等で言及《げんきゅう》している学習部屋のモニターカメラについても、真相を明らかにしておきたい。彼は、「週刊文春」（前掲《ぜんけい》）で「僕《ぼく》の一人部屋には監視《かんし》カメラが付いていて、行動を常に見張られていました。弟妹《ていまい》が四人いるんですが、全員、同じ環境《かんきょう》でした」と述べているが、これも極《きわ》めて誤解を生じさせる表現だ。

まず、モニターカメラが設置されていたのは、子供たちが自宅で家庭教師に勉強を教わるときに使用する学習部屋であり、メインの子供部屋で、二十四時間、監視されていたわけではない。また、一方的な監視システムではなく、親子の双方向《そうほうこう》のやり取りができるものであった。

このシステムについて、咲也加《さやか》氏は次のように述べている。

記事では「子供部屋には監視カメラがあった」というようにありますけれども、これは、仕事場が離《はな》れていたせいで、子供たちの状況《じょうきょう》が見られないことを悩《なや》んでいた母に対して、スタッフのほうが、ベビーモニターのようなかたちで、遠くで離れていても子供たちが見えるというシステムをつくってくださったということです。これは、スピーカーも付いていて、テレビ電話のように、「子供たちも母と会話ができる」というスタイルのモニターでした。

ですから、一方的に監視されていたという事実はありません。私たちも、そのモニターを通して、会話したいときに母と会話ができるというシステムだったのです。「そうでもしないと、心配で仕事に集中できない」ということで、これは母の問題であり、総裁先生からの指示でされていたという事実はございません。

『直撃《ちょくげき》インタビュー大川隆法総裁、宏洋問題に答える』より

当時を知る職員たちも、次のように証言している。

●親子で会話のできる「双方向型《そうほうこう》のモニター」だった

喜島克明　総裁先生たちが止住《しじゅう》されている大悟館《たいごかん》では、当時、子供たちそれぞれに勉強部屋があり、同時に複数の部屋で複数の子供たちが、別々のスタッフに勉強を教わっていました。

その様子を、教育のリーダーであるきょう子《こ》氏がチェックするのに、あっちの部屋、こっちの部屋とグルグル回ることもできないので、「じゃあ、まとめてカメラでチェックしましょう」となって、双方向型《そうほうこう》の、お互《たが》いの声も聞こえるようなモニターを設置したのです。

ただ、宏洋氏の場合、一生懸命《いっしょうけんめい》、そのモニターに映らないように逃《に》げて、カメラの画角の外に出たり、コンセントを抜《ぬ》いてしまっていたりしたとも聞いていますので、本人が言うほど、厳しく監視されていたわけではないというのが事実です。

●弟妹《ていまい》たちはモニター越《ご》しにほほえましい会話をしていた

武田亮　宏洋氏も学年が上がって、テストなどを受けるようになると、けっこう悪い成績を取るわけです。「なぜだろう」「普段《ふだん》、どんな勉強をしているんだろう」ということで勉強の記録を見ると、結局、勉強が進んでいませんでした。

ただ、宏洋氏は、きょう子氏が勉強部屋に様子を見にくると、逆《さか》らえないので勉強をするんです。でも、きょう子氏がいなくなると、スタッフの前では怠《なま》ける。そういう傾向性《けいこう》がありました。放っておくと勉強しないけれども、きょう子氏がずっと見ていると、今度は、きょう子氏が仕事ができなくなる。これを両立させるために、別室でも様子を観察できて、場合によっては、活を入れたり、アドバイスをしたりするために、付けたものではあるんです。彼の勉強時間に、ちゃんと勉強しているかどうかを、母親が別室で仕事をしながら見られるようにしていただけなんです。

宏洋氏は、「監視されていた」と言っているそうですが、監視というよりは、咲也加副理事長がベビーモニターとおっしゃっているように、子供の様子を見ながら、何かあれば駆《か》けつけたり、会話ができたりするようなものでした。

本人次第《しだい》のところがあって、彼は、それまでよくサボっていたので、導入されてサボれなくなったのがそうとう嫌《いや》だったということでしょう。中学三年生になるころには、宏洋氏が殴《なぐ》って、モニターカメラは破壊《はかい》されていました。

咲也加さんやほかのお子さんがたは、モニター越《ご》しに普通に会話をしていましたので、今で言えばスカイプです。「じゃあ、勉強が終わったら、ご飯《はん》を食べに行こう」「いいよ」「じゃあ、何時まで頑張《がんば》りまーす」「はーい」というようなほほえましい会話も、電話代わりにされていました。

それを、YouTube《ユーチューブ》の視聴者《しちょうしゃ》を驚《おどろ》かせて、同情を引きたいとか、総裁先生や教団に対して、悪い印象を持たせたいということで、「監視カメラ付きの勉強部屋に監禁されていた」ように印象操作しているんです。

10　中学受験の悲劇

前述したように、自《みずか》らの意志もあって勉強を始めた宏洋氏だが、生来、勉強嫌《ぎら》いな性格だったようで、次第《しだい》に、勉強に苦痛を覚えるようになっていったという。
当時の様子について、咲也加《さやか》氏は著書のなかで次のように語っている。

教育については、母がいわゆる「教育ママ」で、「いい中学校に入れて、いい高校に入れて、いい大学に入れなければならない」という思いを強く持っていました。それには、「先取り学習がいい」ということで、「早ければ早いほどいい」「幼稚園《ようちえん》ぐらいから小学校の勉強をさせて、小学校に入るころには、もう中学校ぐらいまで進めたほうがいい」というような方針でやっていたのです（母の実父が、医学部に入るには二学年ぐらい先まで勉強しておいたほうがよい、と考えて、娘《むすめ》〔母〕に家庭教師をつけた経験から来ていたようです）。

兄は、そのかたちでスイスイと勉強を進めていた時期があり、実際、小学校に上がるときには、中学校の勉強まで先取りしていたといいます。「六歳《さい》にして、方程式の一歩手前ぐらいまで進んでいる」という、かなり〝ませた〟小学生だったのです。

本当は読み飛ばしていたり、完全には理解できていない部分もあったりしたのかもしれませんが、かたち上は、「小学校六年生までの国語を覚えました」などと家庭教師から両親に報告されていたため、父も、「おお、すごいなあ」と感心していたようでした。

ただ、今思えば、やはり、やりすぎだったところはあると思います。そこでピークが来て疲《つか》れてしまったのか、兄はそのあと勉強が嫌いになってしまったので、「最初から詰《つ》め込《こ》めばいいわけではない」ということを、兄の姿を見て学ばせていただきました。

『娘から見た大川隆法』より

実際、当時の宏洋氏の学習状況《じょうきょう》を知る人々も、次のように証言をしている。

●「繰《く》り返し学習」をしなかった宏洋氏

黒田由紀　宏洋さんは、「繰《く》り返し」の学習をしなかったんです。「繰り返しが大事だ」と言っても、「そんなの大丈夫《だいじょうぶ》」みたいに言って、どんどんどん、先に進んでいったんです。新しいことが好きで、繰り返しが嫌いな子だったから、勉強を教える男性秘書が繰り返しをさせようとすると、「僕《ぼく》はもう分かっているのに、お兄さんは分かってくれない！」と言うので、きょう子《こ》さんも、「宏洋はもう分かるんですから、繰り返しはいいです」というような感じで、どんどん詰め込んでいったんですね。

繰り返しは基本なんですけど、それをしなかった。本人も拒否《きょひ》したし、きょう子さんもさせなかった。初めての子だったので、分からなかったところもあったんだろうと思います。

コツコツ努力するのが駄目《だめ》で、「嫌《いや》だ、面白《おもしろ》くない」という子だったので、新しいことにはすぐ飛びつくけれど、コツコツと努力はしない。飽《あ》きたら次から次へと新しいことをする。飽きっぽい性格でしたね。

だけど、中学受験の前、小学校高学年になると、結局、覚えていなくて、詰め込んだはいいものの、「蓋《ふた》を開《あ》けたら、全然できていない」となって、そこから特に、勉強が厳しくなったんじゃないかと思います。

●前に学んだ内容を忘れているので、先に進めない

佐藤正　宏洋君は、やっぱり、「自分が長男だ」という自覚はあって、プレッシャーというか、それはお持ちでしたよ。

それで実際、勉強も何年か飛び級してやっていました。ただ、何年か飛び級してやっても、子供って忘れるじゃないですか。だから、テキストを見ると、確かに、小一、小二、小三、小四を、もうやってあるんですよ。それで、その先をやろうとするんだけど、やっぱり前のものを忘れているから、なかなか進まないっていうのはありましたよね。だから、中学受験の内容が入ってくるあたりでは、おそらく基礎《きそ》的なことを忘れていましたね。

特に、算数とかは苦労されていましたね。暗記もののほうが、得意は得意でしたかね。小五ぐらいになると、問題もかなり難しくなってくるので、そのへんぐらいから、「すごくできる」という感じではなくなってきたのかな。周りが追いついてくる感じっていうんですかね。飛び級ではなくて、あとからやってきた子が、だんだん追いついてくる感じは、私も感じていましたけど、本人も感じていたんじゃないでしょうかね。

中学受験が迫《せま》るなか、成績の上がらない宏洋氏ときょう子氏の仲は目に見えて悪化していったという。

●実母からの叱責《しっせき》を仲裁《ちゅうさい》した大川隆法総裁

喜島克明　宏洋氏が小学校五年生ぐらいのときだったと思いますが、きょう子氏が宏洋氏に平手打ちをしているのを、偶然見てしまったことがあります。

宏洋君が勉強しなかったので、きょう子氏がやってきて宏洋君を叱《しか》って、それでも言うことをきかないので、平手打ちをくらわしたという状況でしたね。

さすがに、そういう場面を見たのは私も初めてだったので、驚《おどろ》いてどうしようか考えてしまったのですが、総裁先生が来られて仲裁《ちゅうさい》に入ってくださり、その場を収めてくださいました。

そのように、誰《だれ》が教えても宏洋氏の成績は上がらず、みながさじを投げるなか、ついに、きょう子氏が自分で直接、宏洋氏を教え始める。

そのときの経緯《けいい》について、咲也加氏は次のように振《ふ》り返っている。

母は、子供の受験には、人一倍、思い入れの強い人でした。「子供の受験の結果」が「自分の功績」と直結していて、「子供が受験に落ちることは、自分の失態」と捉《とら》えているようなところがあったのです。

そして、最初の受験である中学受験を期に、母と兄の宏洋の仲は目に見えて悪くなっていきます。

兄は先述したように、小学校以降は勉強嫌いになり、特に高学年になるころには、成績が落ち始めていました。性格もやんちゃで、気が散りやすく、人とぶつかりやすい性格になっていたため、学校の先生も、家庭教師の方々も、兄を教えるのに難儀《なんぎ》していたようです。

そして、兄の塾《じゅく》の週例テストの成績がどんどん落ち、家庭教師たちがギブアップしていくなか、ついに母が自分で兄を教え始めたのです。

『娘から見た大川隆法』より

しかし、それが悲劇の始まりだった。

●「ママは僕《ぼく》が嫌《きら》いなんだ！」と泣きながら訴《うった》える

黒田由紀　きょう子氏による宏洋氏の叱り方は、もう受験前はすごかったですね。きょう子氏が「自分で教える」と言って教えるようになってから、喧嘩《けんか》はすごかったと思います。

お二人が勉強をしている部屋には秘書は入れません。

私はそのとき、別のお子さんの担当でしたので、きょう子氏と宏洋君が喧嘩をしているところに出くわすことはありませんでしたが、勉強のあと、宏洋君が寝《ね》るために部屋に戻ってきたときに、宏洋君が泣きながら、「ママは全然分かっていない！」「ママは僕《ぼく》が嫌《きら》いなんだ！」と、バーッとまくし立てるのをなだめていました。

そういうことは、受験が近づくにつれて頻繁《ひんぱん》にありましたね。受験勉強を夜十時ぐらいまでやっているので、そのあとですね。

ところが、そこまでして臨《のぞ》んだ初めての受験の結果は、第一志望の麻布《あざぶ》中学も、第二志望の慶應義塾《けいおうぎじゅく》中等部も不合格となる。慶應義塾中等部は、一次の筆記試験は通ったが、二次の面接試験で落ちてしまった。

このときのことを、咲也加氏は次のように記している。

兄は、第一志望の麻布学園に落ちてしまいました。

これは、母が「自分で教える」という判断をしたために、どうしても感情的になってしまい、兄は余計、問題が解けなくなってしまったのではないかと思います。

兄はショックを抱《かか》えながら、第二志望の慶應義塾中等部にかけ、一次試験は通ったのですが、二次試験の面接で落ちてしまいました。

兄は、それが母のせいであると思っているようでした。

面接官から、「教育はどのようにされたのですか」と訊《き》かれたときに母は、「勉強は全部、私が教えました。受験勉強でも、私が手取り足取り教えました」というようなことを言ってしまったらしいのです。その瞬間、兄は「落ちた」と思ったそうです。

ちなみに、父も「これは落ちたな」と思ったそうです。

確かに、中学受験では子供の自立性などが見られますので、母の発言は失言だったのでしょう。ただ、もしかしたら一次試験の点数もギリギリだったのかもしれませんし、あとで分かったこととしては、慶應の中等部は、何らかのコネがあって、推薦状《すいせんじょう》があるほうが受かりやすいという説もあるようです。

『娘から見た大川隆法』より

また、その数年後、宏洋氏自身も、当時の心境を次のように語っていたという。

●「落ちたときはショックだった」と後《のち》に述懐《じゅっかい》

佐藤正　中学受験の年は、私はもう宗務《しゅうむ》本部にはいなかったんですよね。

でも、落ちたのは、本人もショックだったでしょうね。

その後、宏洋さんが高校生ぐらいのときに、私は「サクセスNo.1《ナンバーワン》」のエレベーター前でお会いしているんですけど、そのときご本人が、「落ちたときはショックだった」と言っていました。ですから、人生の転機としては、中学受験で志望校に受からなかったことが、最初の転機になったかもしれませんね。

そうなんです、宏洋さん、「サクセスNo.1」にも、咲也加さんに連れられて、来たことあるんですよね。私が会ったのは一回だけですけどね。宏洋さんは、ずいぶん雰囲気《ふんいき》が変わっていましたけど。

●サクセスNo.1　宗教法人幸福の科学による信仰教育機関。信仰教育・徳育にウエイトを置きつつ、学力養成にも力を注《そそ》いでいる。

咲也加さんが、「お兄ちゃんも頑張ってサクセスに通いなさいよ」ということで、連れてこられたと思うんですけどね。でも、そのとき、「サクセスは僕には合わないんだよなあ」と、「ちょっと、僕には合わないな」というニュアンスのことは、おっしゃっていました。

11　荒《あ》れ始めた中学時代

きょう子《こ》氏は、宏洋氏が受験に失敗したことで、「私が教えたのに落ちたのは許せない」「私に恥《はじ》をかかせた」と激怒《げきど》する。そして独断で宏洋氏を〝廃嫡《はいちゃく》する〟と宣言。宏洋氏は、きょうだいの子供部屋のある二階から一階に部屋を移され、しばらくの間、男性秘書に面倒《めんどう》を見てもらうこととなった。

そのころ、宏洋氏と接していた元秘書たちに当時の様子を訊《き》いた。

●「自由にやらせてもらえないことへの不満」が大きかった

浅野聖太　中学受験が終わったあとの二〇〇一年四月から、ご家族と離《はな》れて過ごされていた間の宏洋君を、僕《ぼく》と鶴川さんとで見させていただきました。僕は、だいたいその年の秋ぐらいまで一緒《いっしょ》でしたね。

宏洋君は学芸《がくげい》大学附属《ふぞく》竹早《たけはや》中学に進学したんですけど、すごく気持ちがすさんでいて、親を恨《うら》んだり、そういう気持ちは持っていました。それは、いろいろと言動に表れていました。「自由にやらせてもらえないことへの不満」が大きかったですね。

きょう子さんに対しては、それは、「これだけやらされたけど、結局落ちたじゃないか」という気持ちはあったと思いますよ。そういうことを四六時中、言っていたわけではないんですけど、「受験が終わったんだから、もうちょっと自由にさせてほしい」ということは常に言っていましたね。

僕と鶴川さんは寮《りょう》の管理人のような役割で、寮生活みたいな感じでしたね。それで生活と心境を立て直せということでした。

そのとき、やはり、宗教家の家族には、「宗務結界《しゅうむけっかい》を護持《ごじ》する」という仕事があることを分かっていただくべきでした。そういう普通《ふつう》の家にはないことがあったので、彼は、それを今、面白《おもしろ》おかしく言って、世の中の人の気を引こうとしているように見えますね。極端《きょくたん》な言い方をしているところがあって、明らかにバランスを欠いているので、当時を知っている者としては残念です。

この「結界を護持する」ということについて、咲也加《さやか》氏は次のように語っている。

これは、一般の方には分かりにくいとは思うのですが、総裁先生は霊能者《れいのうしゃ》なので、家族といえども、その人の心境が悪くて憑依《ひょうい》霊などが憑《つ》いている状態だと、どす黒い渦《うず》が巻いているような感じになって、一緒にいるのがすごく難しいんです。

総裁先生が神降ろしであるとか、御法話《ごほうわ》などをされている環境《かんきょう》においては、宗務スタッフも心を調《ととの》えてそこに存在しているわけで、そういった方々のなかに、霊障《れいしょう》の人はいられないんです。その意味で、「兄は、普段は少し離れたところにいたほうがいいのかな」ということはありました。

その点は、総裁先生も子育てをする上で、とても大変だっただろうと思います。兄は小学五年、六年ぐらいから、けっこうすさんでいましたが、まさか、そんな年齢《ねんれい》のころから悪霊《あくれい》が憑くとは、思ってもみなかったのではないでしょうか。

（二〇一九年七月十一日インタビュー）

●大川隆法総裁に対する悪感情は見られなかった中学時代

浅野聖太　当時の宏洋君は、総裁先生に対して、そんなに悪感情はなかったんじゃないかと思うんですけどね。

小学校時代も、「友達と遊べない」とかはあったと思うんですけど、でも、大川家に限らず、塾通《じゅくがよ》いをさせられている子はみんな、そういうところはあると思うので。でも、宏洋君はそれを、「自分の家だけ、ひどい家だ」という感じに思っていた節《ふし》はあります。

今の宏洋氏に対して思うのは、「なぜ、そんなに信仰《しんこう》を全否定するようなことを言うのか」ということですね。一般《いっぱん》常識的にも、他人の宗教心を否定することはよくないことだと、学校でも習いますよね。人として、あそこまで言ったら駄目《だめ》だと思います。

●実母との間の「ボタンの掛《か》け違《ちが》い」

鶴川晃久　私が宏洋君の教育担当になったのは、中学受験が終わって、荒《あ》れ始めたというか、母親との葛藤《かっとう》が出てきたあたりです。

そのとき、浅野さんが主担当でいてくださって、僕はサブで入ったんですね。浅野さんが勉強を教えて、私はどちらかというと、精神的なサポートのようなことをしていました。

担当になった当初の印象としては、「すぐ寝《ね》てしまう」「朝起きられず、昼間もすぐ寝てしまい、夜型人間」みたいな感じと、「ひ弱でわがままなボンボン」というような感じでした。体力がなかったので、一緒に走ったり、剣道《けんどう》をしたり、そういうトレーニングを一緒にやって、それは宏洋君も楽しんでやっていましたね。

宏洋君は、お父さんのことは、すごく尊敬して大好きで、でも、はるか遠い存在なので、憧《あこが》れているんだけど、反発しちゃうみたいな感じだったと思います。

お母さんは、受験の最後のほうはもう、「バカバカ、バカバカ、バカバカ、なんで分からないの！　バカー！」みたいな感じの教え方だったそうですので、それはさすがに厳しいなと。「きょう子氏から、『バカバカ』と言われて教わった」というのは、宏洋君本人から聞きました。

受験後は、お母さんのほうが、「もう勘当《かんどう》」という感じでした。確かに、宏洋君は言うことをきかなかったですし、素行も悪かったです。だけど、あのときは、「受験がうまくいかなかったので勘当」ですよね。宏洋君は、「なんでこんなことで勘当されなければいけないんだ」みたいな、理不尽《りふじん》さみたいなのを感じていて、荒れていたように見えました。

それは、宏洋君本人も思っていたと思います。「俺《おれ》は、慶應《けいおう》中等部の一次を通っているんだ」

というプライドはあった。

ただ、今度は逆に、その学力は、きょう子氏が勉強させてつくった学力で、宏洋君本人の、自発的な自助努力の学力ではなかったんです。それもあります。

きょう子氏に強制されたことは、それは効果を発揮《はっき》していますよ、確実に。秘書レベルでは、そこまで発破をかけられないですからね。

そこで「ボタンの掛《か》け違《ちが》い」があったのかもしれないとは思います。

●話を何時間も聞いてくれた大川隆法総裁

鶴川晃久　中学時代は、思春期と受験失敗のショックで荒れたんだと思うんですよね。しかも、勘当みたいな感じになったので、本人としては、「人生終わった」「僕はもう期待されていないんだ」という感じだったんじゃないかなと思います。
でも、そのあとの夏休みだったか、宏洋君が家に一日いる日に、総裁先生が宏洋君の部屋まで下りてきてくださったことがあったんです。それで、先生は何時間も話を聴《き》いてくれたんですよね、一対一で。三時間はやっていたと思うんですけど、とにかく午後ずっとです。でも、それでも駄目だったみたいで、先生は首を振《ふ》って、上に上がられたみたいなことは一回ありましたね。

総裁先生は本当に宏洋君を愛されていて、何とか救おうと、激務の合間を縫《ぬ》って、半日、宏洋君のために付き合ってくださったんだなと思いました。

●さんざんだった中学担任からの評価

武田亮　私は宏洋氏が中学三年生のときから勉強などを見るようになりましたが、中学校時代の学校での評価を伺《うかが》ったことがあります。

例えば、中一のときは、「生活面ではとにかくスローモーで、遅《おく》れ方が激しく、女子生徒から気合いを入れられている」「制服、運動靴《ぐつ》などがしょっちゅうなくなると騒《さわ》ぐので、みんなで大川君の失くした物を探すのが大変だ」「髪《かみ》を赤く染めてきたので怒《おこ》りました」と、担任の先生に言われています。

中二のときは、「授業中、寝てばかりで態度が悪い」「提出物も出ない」「掃除《そうじ》や物の管理ができないため、集団生活に迷惑《めいわく》がかかっている。自分のしたいことに夢中で、公共の利益を考えない」。

中三のときは、「休み、遅刻《ちこく》、欠課が多い」。欠課というのは、保健室に行って休むことです。

彼の場合、二時間ぐらいよく寝ていたらしいです。また、「授業も寝っ放しが多い」「服装の規定を破ったり、禁止されているケータイを学校で使ったり、校則違反《いはん》が多くて、時間もルーズで、社会人になるための信用を失っている」と。このような評価を学校の先生からされています。

また、中三の二学期ごろ、進路面談がありました。進路のことで担任の先生と揉《も》めていたため、総裁先生がご多忙《たぼう》のなか、参加されたのです。ですから、四者面談になりました。

伺ったところによると、その面談では、担任の先生が立腹の様子だったそうです。宏洋氏が授業中に寝ていたり、よく学校を休むくせに生意気《なまいき》なことを言うとか。ルールを破るのに注意をすると膨《ふく》れるとか。総裁先生は担任の先生の気持ちを察して、日ごろのお詫《わ》びをされたり、いろいろと不審《ふしん》に思われていた点をご説明されたそうです。

例えば、教団の二代目について聞かれ、「まだ決まっていない。他のきょうだい四人がいるし、弟子《でし》にも優秀《ゆうしゅう》な人がいるので分からない」というような内容で返答されました。宏洋氏が二代目に決定していなかったことは、当然ですが、宏洋氏が本当に教団の二代目なのか聞かずにはおれないほど、素行が悪く、人間性に問題があったということがよく分かります。

また、「朝の遅刻と欠席が多い」という話が出たため、その後、総裁先生が毎朝、宏洋氏の部屋に行かれて、起こされるようになりました。毎朝、登校するまで声をかけてくださったのです。その後、しばらくして、スタッフのほうで起こすようになったという経緯《けいい》があります。

●毎朝一時間、大川隆法総裁とテニス練習をしていた宏洋氏

武田亮　中三の夏休みには、宏洋氏が空手《からて》のような運動をして体を鍛《きた》えたいと言い出したことがあります。その際、総裁先生は、受験の前に骨折でもしてはよくないし、朝型にするためにも、宏洋氏とのテニス練習を提案してくださいました。夏休みの間に、毎朝一時間ほど、宏洋氏とテニス練習をしてくださったのです。そのときは、宏洋氏はとてもうれしそうでした。夜型生活から朝型生活へ生活が正されるとともに、受験勉強にも気合いが入っていました。

このように、総裁先生は、ご説法《せっぽう》や教団運営などに多忙を極《きわ》めるなか、宏洋氏のために心を砕《くだ》かれ、彼のために時間を捻出《ねんしゅつ》されて、実際にサポートされ続けておられました。総裁先生は、どんなことがあっても彼を見捨てることなく、受け入れ、彼を温かく励《はげ》まし続けておられたと、はっきりと記憶《きおく》しています。

●無断外泊《がいはく》、万引き、不良からの恐喝《きょうかつ》……

武田亮　また、最近、YouTube《ユーチューブ》番組で、「中学時代、家に帰らないと秘書が探しにくる」というようなことを言っていると聞きましたが、それは、中学生が夜十時、十一時まで何の連絡《れんらく》もなく帰ってこなければ、普通探しますよね。

特に、宏洋氏は中学時代、何度か警察のお世話になっていたため、こちらも心配はしていたんです。「今日は何時に帰ります」とか、「今日、誰《だれ》それさんの所に泊《と》まります」とか、連絡があればまだいいんですけど、何の連絡もなく、「帰宅後に、〇〇時から勉強をする」と約束しているようなときに、深夜になっても帰ってこず、携帯《けいたい》電話も不通状態だったため、探しにいったのです。

警察沙汰《ざた》になったのは、中学二年に万引きが一回と、中三のときに池袋《いけぶくろ》のカラオケ屋さんで代金が払《はら》えず、交番に助けを求めたのが一回です。それ以外にも、渋谷《しぶや》の宮下《みやした》公園で不良に恐喝《かつ》されて財布《さいふ》とケータイを取られて、殴《なぐ》られたようなこともありました。

そういうことがあったので、「犯罪や事件に巻き込《こ》まれたんじゃないか」「犯罪を犯《おか》してしまったんじゃないか」と思ったということです。あまりにも宏洋氏の普段の行動が常軌《じょうき》を逸《いっ》していためにに招いたことであって、特に異常な対応をした覚えはありません。ちなみに残りの四人の弟妹《ていまい》にはまったく見られないことでした。

ちなみに、恐喝されたのは、中三の二学期の期末試験前で、本来、このテストが附属《ふぞく》校へ内進できるかが決まる重要なものであったため、塾を休んでテスト対策をやっているはずのときでした。学校から帰宅途中、友人と渋谷でブラブラとしていたところ、不良に目をつけられ、お金と携帯電話を巻き上げられたのです。

すると、翌日から不良を脅《おど》すためなのか、学校のカバンにおもちゃの鉄砲《てっぽう》とナイフを入れて登校したり、親とスタッフには、「ケータイを買ってくれ。彼女と連絡ができないんだ」と、ずっと叫《さけ》んでいました。中学生として最後の決戦をやるべきときに、女の子と会話することを優先して我慢《がまん》できなかったのです。「勉強するから買ってくれ」とか、「買ってくれたら勉強する」「させたければ買え」というような感じで、勉強するかしないかを人質《ひとじち》みたいに交渉してきていました。結局、その重要な試験は、直前に体調を崩《くず》し、戦線離脱《りだつ》し、棄権《きけん》することになってしまいました。

それは、今もやっていると思うんです。当会の悪口をいっぱい言って、「困るだろう?」「やめてほしけりゃ、金を出せ」みたいな、交渉というか、脅していているつもりなのでしょう。

実際は、幼稚で社会的知性が低く、自分が欲望を持ってしまうと、その実現以外考えられなくなり、破滅《はめつ》の道を歩む性分《しょうぶん》だということを表していると思います。当然、他の人への迷惑など、微塵《みじん》も感じていません。

中学時代の宏洋氏については、咲也加氏も次のように証言している。

兄は、学芸大学附属竹早《たけはや》中学に通うようになると、〝不良化〟してしまいました。ヤンキー風に髪を金髪《きんぱつ》や赤色にしたり、四色くらいに色分けして染めたり、刈《か》り上げを入れていたこともあります。

服装も、腰《こし》パンをして、制服の白いYシャツの下に、龍《りゅう》の絵柄《えがら》が入った赤いTシャツかタンクトップのようなものを着るなど、かなり挑発《ちょうはつ》的なファッションで学校に行き、そのたびに、学校から注意を受けていました。

当然、学校の先生がたからもよく思われておらず、三者面談のときなどには、「宏洋さんは問題児で、勉強もそれほどできないのですが、本当に大川総裁の息子《むすこ》さんなんですか」というようなことを言われていたようです。

それから、兄は塾に通っていたのですが、そこでは国語の成績がよかったので、学校の先生に「塾では国語の成績がいいんです」と言ったそうなのですが、信じてもらえず、「こんな問題児が、そんなによい成績を取れるわけがない」と思われていたようです。

そこで、実際の塾の成績表を見せたところ、「それでは、学校は手抜《てぬ》きしているということですね」と、学校の先生が怒ってしまい、余計心証を悪くしてしまったということでした。

素行が悪く、勉強の態度も悪く、ということで、おそらく、学芸大学の附属高校に内部進学できなかったのだと思います。学芸大学附属高校は母の出身校でしたので、母は兄が自分の母校に進学ができなかったことに、非常にショックを受けていました。

（二〇一九年七月十一日インタビュー）

その他の元秘書たちも、中学時代の宏洋氏について次のような姿を目撃《もくげき》している。

●ご家族のなかで一人、影《かげ》を背負い、無表情だった宏洋氏

山口篤　二〇〇三年の八月十二日に、総裁先生のお父様である善川三朗名誉顧問《よしかわさぶろうめいよこもん》先生が亡《な》くなられたのですが、その年の三月に一度、ご家族全員で徳島に帰って来られているんですね。そのとき、私も四国勤務でしたので、よく憶《おぼ》えています。

当時、宏洋君は中学生で、そのときの印象は……、このことは、これまで誰にも言ったことがなかったんですけど、「目つき悪いなあ」と思いましたね。「目つき悪いなあ。こんなふうになっちゃったかあ」と。

悪意のある目っていうか、敵愾心《てきがいしん》のある目というか。何か暗い感じと、影《かげ》を背負っている感じ。目の底に、ちょっと悪意を感じるというか。小さいときから、やんちゃではあったけれども、そういう目ではなかったので、久しぶりに、中学生になった宏洋君を見たときの印象は、「目つき悪いなあ」と。

それは、ある意味、ショックではありましたね。「総裁先生のお子様なのに」と。ほかのお子さんがたからは一切《いっさい》感じないんだけど、彼だけはね、そんな感じを受けたんですよ。

善川先生と対面しているときも、ほかのお子さんたちは、にこやかで表情があるんですよ。

「おじいちゃん、お久しぶりです。いつもありがとうございます」とか、感謝の言葉も言っていて。

でも、宏洋君だけは無表情。無表情で、そっけない挨拶《あいさつ》です。それは、すごく印象に残っています。要は、「無理やり連れてこられた。めんどくせえ」みたいな雰囲気《ふんいき》です。

そのとき、聖地・四国正心館《しょうしんかん》もご家族で訪問されて、総裁先生がミニセミナーのような感じで十分ぐらいお話しされたんですね。お子様がたも全員、信者のみなさんの前を並んで歩くんですけれども、宏洋君一人だけ、ツーンとしている。それで、きょう子氏が、「もっと、ちゃんとしなさい」と注意すると、余計反発して、そしてまた小言を言われる、というような感じでしたね。

●反発心、反抗心《はんこうしん》があるような目になっていった

饗庭慶子　宏洋くんは、小学校高学年ごろから、目つきが悪くなっていきましたね。世を呪《のろ》っている感じの、反発心、反抗心《はんこうしん》があるような目と言うんでしょうか。眉毛《まゆげ》も剃《そ》って、どんどん細くなっていって。

小さいときは、「将来、パパみたいになりたい」と言っていたのに、残念だなというのはあ

ります ね。「信仰さえ失っていなかったら」と思います。

でも、それだけ、ご家族は霊的にも狙《ねら》われているので、ちょっとした心の隙《すき》を悪魔《あくま》がガーッと開けてきて、攪乱《かくらん》して、大事件にさせるということをしてくるので、お子様がたも、その周りの宗務本部も気を引き締《し》めないといけなくて。総裁先生とご縁《えん》が深い方ほど、魔に狙われてしまうことがあるんじゃないかと思います。

12 一年で転学した高校時代

宏洋氏は中学を卒業後、二〇〇四年四月に、早稲田《わせだ》大学高等学院（早大《そうだい》学院）に進学した。

その年の五月、大川隆法総裁は、心不全《しんふぜん》と肺水腫《はいすいしゅ》を患《わずら》い、医学的には「死」を宣告される。しかし、奇跡《きせき》の復活を遂《と》げ、リハビリ生活に入ることになった。そのときの様子は、大川隆法総裁の著書『新復活』（幸福の科学出版刊）で詳《くわ》しく述べられているほか、映画「世界から希望が消えたなら。」（製作総指揮・大川隆法、二〇一九年公開）の題材ともなっている。

そして、そのような教団と家族の一大事のさなか、宏洋氏は高校を一年で転学したいと言い出す。この宏洋氏の高校時代について知る人たちに話を聞いた。

●宏洋氏を起こすのは、宗務《しゅうむ》本部の朝の一《ひと》仕事

武田亮　高校は、早大学院に、補欠合格で何とか滑《すべ》り込んだかたちとなりました。進学後は、徐々《じょじょ》に、寝坊《ねぼう》して遅刻することが増えていきました。毎日、職員二人がかりで起こしていましたが、登校させるまでに、たいてい一時間ぐらいかかっており、宗務《しゅうむ》本部の朝の一《ひと》仕事になっていたのです。

宏洋氏は声をかけるぐらいでは起きません。やっとのことでベッドから起こしても、その後の準備の途中で寝てしまうのです。放っておけば遅刻、欠席は確実でしたから、何度も部屋を覗《のぞ》いては声をかけ、進捗《しんちょく》を確認しておかないとミッションがコンプリートできないのです。また、どんなに遅《おく》れていても、ヘアセットやメイクには、ゆったりと決まった時間（四十分から五十分ぐらい）をたっぷりとかけます。普通の人は、遅刻しないように省いたりするものですが、そういう感覚がない人でした。中途半端に外見を準備するぐらいなら学校を休むぐらいの感覚です（職員のときも同じ理由でよく遅刻していたようです）。

本当に情けない状況ですが、いくら本人と話しても危機感がなく、「何とかなるさ」という感じで、ズルズルと遅刻と欠席が増えていきました。大きな紙に進級条件と出席状況を書いて部

屋の壁に張り、自分の置かれている状況を、毎朝、把握《はあく》できるようにしたこともあります。あと何回、あと何日、遅刻や欠席をしたら留年するのか、退学になるのかを分かるようにし、本人の自覚を促《うなが》すことにしたのです。しかし、結局は、本人の意志が極《きわ》めて弱いので、長続きはせず、効果はありませんでした。

また、本人が「行きたくないんじゃない。行くことができないんだ」という言い方をするので、何か病気の可能性もいちおう検討しておくことになり、睡眠《すいみん》障害の専門の病院にも行かせました。診断《しんだん》結果は「生活習慣を正しなさい」ということのみで、結局、夜更かしを注意されて終わりでした。つまり、彼の夜更かしのために、われわれは不毛な努力をしていたことになったわけです。

●高校時代から変わらない「無責任体質」

武田亮　また、高校では、ひ弱で体力がなく、運動神経もいまひとつの彼が、いちばん練習時間の長いバスケット部に入部しました。マンガの「スラムダンク」でも読んで、女性にモテる自分をイメージしたんだろうとは思いますが、それはそれは、無謀《むぼう》な選択だったのです。

早大学院は部活がハードというだけでなく、勉強のほうもハードで、大学の勉強に近い感じがあって、第二外国語（仏語）があったり、各教科についても文科省の指導要領を超《こ》えるような専門的な内容も含《ふく》まれていました。やはり、補欠合格者と正規合格者の学力差がそうとうあったのでしょう。一気に、周りから置いていかれるような感じでした。学期の終わりにはクラスのビリから二番目ぐらいの成績になってしまったのです。

ただ、授業中寝ていて、試験前に一夜漬けするという宏洋氏の勉強スタイルでは、どこの学校に行っても、落第《らくだい》か、ヒラメのように海底すれすれを漂《ただよ》うのが精一杯《せいいっぱい》だったでしょう。

やがて、部活にもついていけなくなった宏洋氏は、部活を休み始め、「部活をやめるぐらいなら学校をやめる」と言い出しました。そして、「学院生はつまらない奴《やつ》ばかりだ」「部活が終わると寄り道をしない。家にまっすぐ帰って勉強するマシンみたいな奴ばかりで、ギャグが通じない」「女子がいない学校は耐《た》えられない」などと言い出したのです（女子がいないのは、受験前から分かっていたことです）。

しかし、彼とはそういう人間です。残念なことですが、考えていること、価値観が普通の人とは違うのです。早稲田に行けば「遊んで暮らせる」「女性にモテモテだ」と思っていたのでしょう。そうでないのなら、一気に「こんな学校なんて要《い》らない」「やめる」となるのです。

結局、職員を辞《や》めるときも似たようなところがあったのではないでしょうか。他の職員のように真面目には働けないので、教団を批判し全否定して、責任転嫁《てんか》して逃《に》げ出す。要するに、「無責任」「勉強嫌い」「勤労意欲がない」「遊んで暮らしたい」というのが、宏洋氏の変わらぬ本質なのです。

●宏洋氏を担当していた当時を振《ふ》り返って

武田亮　私は善導しなければならない立場にありましたが、力不足で、宏洋氏を導けなかったことに関して、本当に申し訳なく思っています。

振《ふ》り返れば、ドロップアウトしないように、勉強面と生活面において、彼を助けすぎてしまったために、彼を甘《あま》やかし、元来の「遊び人」を教育できなかったと思っています。彼が面倒《めんどう》くさいと思う「学生として、当然、やるべきこと」を一部、手助けし、手をかければかけるほど、自己中で他人の気持ちが分からないダメ人間になることに拍車《はくしゃ》をかけてしまったかもしれません。彼に代わって、彼が迷惑《めいわく》をかけている各方面の方々にもお詫《わ》びしたい気持ちです。

ただ、一方で、三十歳を過ぎたおじさんなのですから、いいかげん、「過去に生きる」ことはやめて、一人の大人として、他人様に迷惑をかけないよう、自分一人分の小さな責任を感じることからで構わないので、少しまともに生きてもらいたいものだと思っています。

●エスカレーター式ではなく、勉強も難しかった早大学院

福本光宏　私、宏洋氏が高校を転学したときの経緯《けいい》は、ある程度、分かります。

　転学の理由としては、「早大学院が全然合わない」と。「男子校なので、女の子がいなくて嫌《いや》だ」と言っていました。要は、「楽しくないから、やめる」ということかなと思いました。

　そして、何校か高校の再受験をするために、自分で転学のための書類を取りに行ったりしていたんですけど、とにかく、「高校に女子生徒がいると、全然違《ちが》っていた」みたいなことを喜んで言っていました。早大学院は詰《つ》め襟《えり》の男子校ですから、共学のところに行きたかったみたいです。

　それから、彼は夜行性なんです。なので、早大学院も何とか補欠合格で通ったんですが、朝、自分で起きられないんです。普通《ふつう》、高校は朝から行かないといけないですけどね。でも、夜更《よふ》かしするのでなかなか起きられない。

　早大学院は、早稲田《わせだ》大学にはエスカレーター式で何もしなくても行けるのかというと、そうでもなくて、勉強はかなり難しいところもありました。

　早稲田って確か、五十点が赤点なんです。五十点とすると、一回三十点とか取ってしまうと、

次は七十点取らないといけないという話になるじゃないですか。でも、宏洋君、何かのテストで勉強をほとんどしないで受けて、理科総合Aで二十三点を取って帰ってきたんですよ。

次のテストで挽回《ばんかい》するのも、なかなか難しいと思ったんでしょう。それで年末に、「もうやめる」って言い出しました。

●一夜漬《いちやづ》けタイプで最小限の努力しかしなかった宏洋氏

福本光宏　宏洋君は、典型的な一夜漬《いちやづ》け体質なんです。まったく本当に一夜漬け。記憶力《きおくりょく》はいいので、国語だとか社会とかは、少ない勉強量にしてはできたように思いました。

それに、宏洋君の考え方としては、五十点が赤点すれすれ、合格ラインだとしたら、五十点取れればいいんですよ。最小限の努力で、五十点か五十一点取れればいい。努力して八十点を取ろうという考えはまったくない。

総裁先生は壁塗《かべぬ》り型で、教科書をずっとつぶしていって、分からないところはそのままにしないというやり方ですけど、宏洋君は違った。最低限の努力しかしないというところ、そこでつまずいたのだと思います。

●宏洋氏は、中学以降は自由奔放《じゆうほんぽう》に暮らしていた

福本光宏　とにかく、言うことはきかなかったと思います。大悟館《たいごかん》には、イベントのときしか来ない。総裁先生は、「今日、食事会をやるから、宏洋も呼んであげるように」と言われるんです。宏洋氏は、「総裁先生は全然、自分のことを気にしていなかった」「全然、呼ばれない」みたいなことを言ってましたけど、そんなことはないです。先生は事あるごとに、「宏洋はどこにいるんだ、今日は食事会にちゃんと呼んであげるように」というかたちで、ずっと気にかけていらっしゃいました。

だから、「自分は全然呼ばれなくなった」というのは事実ではないです。事あるごとに呼んでいたけど、自分が来なかったんです。来なかったのは、きょう子《こ》氏とずっと喧嘩《けんか》状態でしたので、母親からいろいろ言われるのが嫌というのもあったんでしょうけど。

宏洋氏は、「父親と家のなかで会話できない」とも言っていましたけど、ご家族がお住まいの大悟館は、普通の家ではなくて仕事場ですから。普通、仕事中に子供と話ばかりしたりはしませんん。総裁先生はそこで教団運営のことを考えたり、本を読んだりして、法を研《と》ぎ澄《す》まされているわけで、ご家族のみなさんは、それを当然のように理解されていました。

また、自分は鳥籠《とりかご》のなかにいたようなことを言ってますけど、中学校に入ってからは自由にやっていました。みんなが手を焼いたっていうことは、自由奔放《じゆうほんぽう》にやっていたということです。小学校までは、受験勉強で不自由だったかもしれないけど、それは、受験生にとっては当たり前のことで、中学校からあとは自由にやっていました。

きっちりやっていたのは、咲也加《さやか》さんです。総裁先生の言いつけは守るし、勝手にフラフラとどこかに行かないし、ごまかさないで地道に勉強していました。

「自由がなくて、自分は虐待《ぎゃくたい》されていた」って、客観的に見て、あれは違っています。小学校のときの中学受験は、ご家族としても初めてで、多少は気の毒なところがあったことは認めますけど、私が見るかぎり、中学校からは自由にやっていました。高校で青学《あおがく》に行ってから、もっと自由になっていたと思います。

また、高校になってから、大悟館を出て、職員の僧房《そうぼう》に住んでいましたのでね、普通の高校生以上に自由だったと思います。生活費も、普通の大学生だったら、月に五万円か六万円でやってますけど、彼は、先生方に、「こんな金額じゃ足りない」と窮状《きゅうじょう》を訴《うった》えて生活費を増やしてもらったりしていました。

●宏洋氏は〝場外ホームラン〟しか狙《ねら》わない性格

福本光宏　しかし、そうしているうちに、だんだん、よからぬ方向にどんどん入り込《こ》んでいったように思います。だけど、ちょっと中途半端《ちゅうとはんぱ》な感じで、虚勢《きょせい》を張っているようなところを感じていました。

ある日、突然《とつぜん》、「自分も英検一級を取る」とか言い出すことがありました。周りが、「二級だって、けっこう難しいから」と言っても、「一級しか目指しません」というようなところがありますよね。

性格的に、〝場外ホームラン〟しか狙《ねら》っていないんですよ。「とりあえず二塁打《るいだ》」とか、「クリーンヒットでもいいじゃないか」というところがなくて、場外ホームランだけ狙うので。「俺は天才だ」と思っているから場外ホームランを狙うんですけど、場外ホームランって、なかなか出ないんです。そして、実際に出ないから挫折《ざせつ》するんですよ。

「まずヒット、それから、ホームランでもレフトスタンドに入るようになってから、次」っていう、この縁起《えんぎ》の理法《りほう》が分からないんですよ。「俺は天才だからできる」「やるって決めましたから、できます」という感じです。そのときの威勢《いせい》はいいのですけど。

ただ、それをきっかけにして勉強ができるようになるかなと期待しましたが、結局、そうはならなかったですね。

●「まさか、宏洋氏じゃないよな」

中村益巳　宏洋氏が高校生のとき、私は宗務《しゅうむ》本部からはもう出ていて、精舎《しょうじゃ》の館長をしていたのですが、一時期、宗務本部に呼び戻《もど》されたことがありました。

それで、大悟館に出勤したのですが、敷地《しきち》のなかで異様な男性を見かけたんです。茶髪《ちゃぱつ》どころか赤髪《あかがみ》のような、われわれ年寄りの目から見ると、いかにも「不良」という感じの男性で、「誰《だれ》だこれは！」と。

「まさか、宏洋氏じゃないよな」と思ってスタッフに訊《き》いてみたら、宏洋氏でした。「今、きよう子氏から勘当《かんどう》されて職員僧房に住んでいるんですけど、たまに大悟館に来るようです」ということでした。

そのころの宏洋氏は、何年も会っていなかった自分には、一瞬《いっしゅん》、「不審者《ふしんしゃ》」に見えてしまうような風貌《ふうぼう》でした。

●出席日数が足りず、秘書が毎朝、宏洋氏を起こしに行っていた

松田三喜男　二〇〇六年、宏洋氏が職員寮《りょう》に住んで青学の高等部に通っていたときに、私は宗務本部にいたことがありまして。そのときの役割で、子供たちが通っている学校との、ちょっとしたやり取りをやっていたんですね。

宏洋氏に関しては、「朝、彼が学校に行くかどうか」みたいな話をですね、毎日やっていた記憶があります。彼は遅刻《ちこく》の常習犯だったり、「行く」と言って行かなかったりで、「本当に、もう出席日数も危ないぞ」ということになっていまして。出席日数が足りないと、また留年とかになっていきますので、私は朝、宏洋氏が学校に行ったかどうかの確認みたいなこともしていました。

ただ、私は大悟館のほうに勤務していましたが、別の男性スタッフが、大悟館から歩いて数分のところにある職員寮に、要は、宏洋氏を朝起こす当番として行って、ピンポンを押《お》して、「起きているかどうか」とか、「今、学校に行きました」とか、「いや、まだ行っていません」という連絡《れんらく》をくれるんですね。その状況《じょうきょう》によって、遅刻するときは、私が学校に連絡をしていました。「今日は、遅刻して何限から行きます」とか、「今日は体調不良で休みます」とか、そ

ういうふうな感じではありましたね。

かわいそうなのは、当番のスタッフです。宏洋氏を起こすためだけに、朝早くから、スタッフが一人、行かないといけない。それで普通に起きれば、普通に公共の交通機関で行けるはずなんですけど、遅刻しそうなときは、スタッフが車で学校まで送らないといけないんですよ。

そういうかたちで、非常に手がかかるというか。「高校生だったら、一人で起きて、学校ぐらい行きなさいよ」というところはありましたね。

●たくさんの人に迷惑《めいわく》をかけていた宏洋氏

斉藤愛　私は咲也加さんの担当だったことが多く、宏洋氏と直接会ったことは少ないのですが、朝起こしに行った男性スタッフが、目覚まし時計を投げられたので逃げたとか、扉《とびら》を壊《こわ》されたとか、あと、宏洋氏が一人暮らしをしていたときに咲也加さんが訪ねていったら、部屋があまりにも汚《きたな》いのでお掃除《そうじ》をして帰ってきたとか、そういう話はたくさん聞きました。

直接、私個人としては特に接触《せっしょく》はありませんでしたけど、いろんな人に心労をかけているなあというのは感じていました。

高校卒業がギリギリだったので、単位を取らせるのに、あと何日学校に行かせなくてはいけないか、秘書が計算している姿とかは、よく見ていました。学校に通う回数までスタッフが調整して、「この日は行かないと卒業できないよ」という感じで、朝起こして。起こしに行くと、物を投げたりして機嫌《きげん》が悪いんですけど、起こさないともっと怒《おこ》るという（苦笑）。

そんなことをさせておきながら、「高校のときに家を出された」などと言われても、いや、何と言うか。「出された」といっても、自分で部屋を探して契約《けいやく》したわけではなく、幸福の科学の職員僧房の一室にいただけですしね。

●きょうだい会議をまとめていたのは長女の咲也加《さやか》さんだった

斉藤愛　宏洋氏が高校生のとき、総裁先生のご離婚《りこん》の問題が出ていたのですが、宏洋さんは、「パパのほうが正しい」「ママのほうが出ていくべきだ」という感じのことを長男として決定して、きょうだいをまとめていたところはありました。そのときは、健気《けなげ》に頑張《がんば》っておられたように は感じました。

ただ、私が見たかぎりでは、きょうだい会議をまとめていたのは咲也加《さやか》さんでしたよ。そのころ、きょうだい会議というのが何回も行われていたんです。最後は長男を立てて、「じゃあ、お兄ちゃんの言うことに従おう」というふうにされていたようですけど、客観的に見ているかぎり、陰《かげ》で全部まとめていたのは咲也加さんだなと思いました。

総裁先生は、そのころご巡錫《じゅんしゃく》にも行かれていましたので、どうしたら総裁先生をお助けできるかということで、「どうする、どうする」と話し合われている雰囲気《ふんいき》はあって、それを、咲也加さんが取りまとめているなあという感じはありました。

まだ高校生なのに、お父さんのお仕事のところまで気を回しながら、気を張りながら、小学生の妹さんまで含めて、「こうしていこうね」というのをされていて、やっぱり「咲也加さんが〝お母さん〟だな」というか。

みんな、咲也加さんに対しては、きょう子さんに足りない「お母さん力」みたいなところで、一目置いているところがあったと思います。総裁先生が大変そうなときは、「パパ頑張ってね」とカードをしたためて、置いておいたり、お手紙を書いたりもされていましたね。

夕食にも毎回ちゃんと出て、見せるべき成績は見せて、「子供として親を心配させない」というところは徹底《てってい》されていました。基本的に、自分のことで心配させないという感じは見受けられました。

勉強のところでも、宏洋君の場合は、周りがエンジンのところからつけてあげないとどうにもならない感じでしたけど、咲也加さんの場合、エンジンは自分でふかしているという感じで、秘書は本当に「サポートしているだけ」という感じが強かったですね。

第2章　宏洋《ひろし》氏の〝出家《しゅっけ》〟と〝取引先への出向〟

1　大学時代に参画した教団の映画事業

二〇〇八年四月、宏洋《ひろし》氏は、青山《あおやま》学院高等部から青山学院大学法学部に進学。大学一年生の八月から、幸福の科学の仕事にかかわっていくことになる。

映画事業に携《たずさ》わるようになっていく宏洋氏について、咲也加《さやか》氏は著書のなかで次のように振《ふ》り返っている。

兄の宏洋だけは、学生部活動になじめませんでした。

兄はベースやギターを弾《ひ》くのが好きだったので、学生部で音楽のライブ企画《きかく》があったときに声をかけたら来てくれましたが、それ以外の研修や、自分たちの夢や信仰《しんこう》について語り合う〝激アツ法談《ほうだん》〟などになると駄目《だめ》でした。兄は昔から自分の好きなものはやるのですが、興味のないものや嫌《きら》いなものは、とことんやらない性格だったのです。

その意味では、アニメが好きだったので、そこが幸福の科学との接点になりました。「今、幸福の科学で『仏陀再誕《ぶっださいたん》』（製作総指揮・大川隆法、二〇〇九年公開）というアニメ映画をつくっているから、アニメのほうとかをちょっと見てみたら」と、学生部の数少ない友達から当会のアニメの仕事に誘《さそ》ってもらうと、それは唯一《ゆいいつ》、ドはまりしました。

『娘《むすめ》から見た大川隆法』より

そのような周囲の気遣《きづか》いがあってスタートした映画事業への参画だが、宏洋氏は、ほぼ完成していたシナリオや、それまで二年間かけて描いたアニメ原画にクレームをつけ、大幅に描き換《か》えさせるという暴挙に出て監督《かんとく》を怒《おこ》らせた。

当時、メディア文化事業局で映画事業に携わっていた人たちにも話を聞いた。

●自分の嫌《きら》いな人のことは全面否定する傾向《けいこう》

鶴丹谷明　二〇〇八年に、宏洋氏が「仏陀再誕」のシナリオをほぼ全部書き換えて、製作し直したときは一緒《いっしょ》にやっていました。

そのときはね、本人はとってもやる気はあったんですよ。

ただ、他人に対する批判癖《へき》はあったので、とにかく、嫌《きら》いな人は全面否定ですね。特に、前任者の松本弘司《まつもとこうじ》さんが書いていたシナリオは、「全然受け入れられない」ということで、「全部、自分で書き直す」ということでやっていましたね。「松本さんが嫌い」という前提でしょうね。「人間的に嫌いだ」となると、すべてを否定するんですよね。そうなると、その人のいいところは一切《いっさい》見ないで、嫌いなところばかりを増幅《ぞうふく》させるんですよ。その人がつくるもの、話すこと、やること、一挙手一投足《いっきょしゅいっとうそく》が全部受け入れられないという感じになる。すごく極端《きょくたん》なんですよね。それは、学生のときからで、今も変わっていないんだと思うんですけどね。

監督も、最初は今掛勇《いまかけいさむ》監督がやってくださっていたんですけど、「松本さん寄りの監督だ」と認識し始めると、今掛監督のことも全部否定して。結局、新しく監督を立てることになりました。

台本は全部書き換えました。キャラクターも描き換えさせて、登場人物も多少変えて。公開時期が決まっていましたから、そこから逆算すると、けっこうギリギリのところで引っ繰《く》り返したなあというところでしたね。

ただ、宏洋氏が脚本《きゃくほん》を担当したといっても、実際は、案出しはチームでやっていました。

おそらく、当時は総裁先生も、宏洋氏にチャンスを与《あた》えられていたんだと思います。

宏洋氏は、総裁先生を交えての映画の打ち合わせも、三、四時間の打ち合わせを、二、三回はやっているんです。そのときは、けっこう立派なことを言っていましたけどね。

あのときは、まだ、本人も夢に向かって突《つ》っ走っている感じだったんです。彼にとっては、〝青春〟をしていたときだったのかもしれないですけどね。

もちろん、口は悪かったですよ。けれども、「総裁先生のために、何かやりたい」というようなことは言っていたんですよ。あのときはあのときで、本心だったと思います。

●勉強不足で、ゼロからシナリオを制作する力はなかった

鶫丹谷明　「仏陀再誕」のあとは、実写映画の「ファイナル・ジャッジメント」（製作総指揮・大川隆法、二〇一二年公開）がありましたね。このときは、もう……。

結局、「仏陀再誕」のときは、すでに〝一つのかたち〟があったんですよ。松本さんたちがつくった〝かたち〟があって、それを崩《くず》すだけでよかったんですよ。

でも、「ファイナル・ジャッジメント」になると、自分でまったくゼロからつくらなければ

いけなかったので、このときはね、大変でしたよ。僕《ぼく》は台本執筆《しっぴつ》の時期までしか一緒にやっていなかったので、そのくらいしか知らないんですけど、台本ができるまではもう、右に振れ、左に振れして、「仏陀再誕」のときとは全然違っていましたね。

だから、本人にもプレッシャーがそうとうかかっていたと思うんですけど、やっぱり、ゼロからはつくれないんですよ。自分で構築できないんですよね。

すでにあるものを批判したりとか、崩すことは簡単なんです。破壊《はかい》的な力はすごく強いんだけれども、自分で創造するというものになってくると、もうとたんに弱いですね。物語が破綻《はたん》しているし、一つのストーリーにならないんですよ。ゼロからつくると、とたんに実力が現れるということですよね。

結局、何とかかたちにしてシナリオを総裁先生に上申したけれども、先生からは、「幸福の科学の映画として出すのは難しい」という評価を頂いてしまった。そうしたら、宏洋氏は、とたんに、「僕、辞《や》めます」ということになったんです。

宏洋氏が書いたのは〝父殺し〟のようなストーリーで、結局、自分を投影《とうえい》したものとか、自分の経験談とか、そういうものしか作品にできないんですよね。

それは、当然と言えば当然なんです。彼は、本を読んでいなかったですから。名作と言われるような小説も読んでいないし、評価されている映画やドラマの台本も読んでいない。マンガばかり読んでいて、観《み》ているのも、アニメ映画と、自分の好きなジャンルの映画ぐらいですから。映画づくりに対する勉強が、ほぼゼロだったんですよね。

だから、自分の経験とか思っていることを映画化するしかできなくて、ストーリーが全部同じになっちゃうんですね。それは、家族に対する不平不満と、組織に対する不満ですよね。それが「ファイナル・ジャッジメント」にも表れているし、そのあとに出てくる映画、彼がつくったシナリオも、全部そういう系統になっているんです。ものづくりとしてのベースがないんですよ。

このころの宏洋氏が出していたアイデアは、基本的には、学生の自主製作映画の延長線上でした。むしろ、学生の自主製作映画のほうが、映画好きな人はすごく勉強していますから、その分、面白《おもしろ》いところもあるかもしれないぐらいです。

２　理事長に抜擢《ばってき》されるも二カ月で異動

そのように、映画事業で挫折《ざせつ》を味わい始めていた宏洋氏は、一時期、映画からは距離《きょり》を置き、青山《あおやま》学院大学を卒業する直前の二〇一二年三月十三日、教団の理事長兼《けん》総合本部長に就任する。

当時、事務局長として宏洋氏を間近でサポートしていた鶴川晃久は、当時の宏洋氏について次のように証言している。

●自分のためにセッティングされた経営の勉強会で居眠《いねむ》り

鶴川晃久　宏洋氏が理事長になったのは、確か大学を卒業する三月からで、期間としては二カ月ぐらいしかやっていないと思うんですよね。

彼は、理事長時代のことについて、YouTube《ユーチューブ》で何回か、「補佐《ほさ》役の事務局長に、『あんたは判子《はんこ》をついていればいいから』と言われた」というようなことを、すごく不満気《げ》に言ってますよね。

そもそも、このとき、なぜ宏洋氏が理事長だったかというと、総裁先生は宏洋氏を育てようとされていたんですよね。だから、あの手この手で、芸能系をやらせてみて、次は理事長に就《つ》かせてみた。

もちろん、理事長といっても、まだ見識が足りないので、自分で全部判断ができる理事長ではないですよね。そこは、各局の局長が判断をしてサポートをしながらではありました。ただ、判断ができなかったとしても、理事長のポジションというのは全体観が見えて勉強になるので、だから、総裁先生は置いてくださったんだと思うんですよね。「その分、各局の局長さんも責任を持って判断するように」という、総裁先生の幹部に対するご信頼《しんらい》もあったと思うんです。だから、みんな必死だったと思いますよ。

実際、みなさん忙《いそが》しいなか、週に二回ぐらいは宏洋氏に対する個人レッスンみたいな感じで、財務局長が財務諸表の見方を教えてくださったり、進行中のプロジェクトについて、細《こま》かく法律を教えてくださったり。あんなスペシャル幹部養成勉強会のようなものは、ほかにはなかったと思いますけどね。

そこまでしているのに、彼は、「自分は力や見識が足りないから頑張《がんば》ります。ありがとうございます」と言って受けるのではなくて、「勝手にお膳立《ぜんだ》てされたところに呼ばれて、なんか話を聞かなきゃいけない」という感じで受け身で、寝《ね》ているんですよ。こっちとしては、「もう、いいかげんにしてくれ」ですよ。「みなさんが多忙《たぼう》ななか、あなたの勉強のために、書類を準備してプレゼンしているのが分かっているのか」と。

本当に寝ているんですよ、こっくりこっくり。「教団の経営に興味ないの？」という。稟議《りんぎ》の見方とかが分からないだろうから、学習会をすることで、少しでも分かるようにとやっていたつもりなんですけど。

確かに、その間は、私のほうで九割がた下処理をして、これでOKという方向に調整した上で宏洋氏に確認をお願いして、「今回は、これで大丈夫《だいじょうぶ》です。分からなくても、また勉強していただきますから。少しずつでいいですから」と言ってやっていました。それが何回か続いたのを、「判断しないでいい。判子を押《お》すだけでいい」というように、彼が捉《とら》えたのかもしれません。

でも、大学を卒業したばかりで、いきなりグループ事業の経営判断なんてできるわけがないので、当然、稟議が上がってくる前に、各局のブリーフィングとか会議とかがあって、「今回、回す稟議はこういう内容です」というプレゼンがあるんですよね。それを聞いていれば、ある程度、分かるはずなんです。でも、そのときに彼は寝ているので分からないんです。

宏洋氏が興味があるのは、自分がつくった映画「ファイナル・ジャッジメント」のPRのインタビュー取材と写真撮影《さつえい》ぐらいだったので、そういうところからやってもらいましたが、それも、話す内容は自分の体験談が中心なので、ネタもすぐに枯渇《こかつ》するんです。それでも、本人が顔を出してコメントして、自分の強みで気張っているのを、周りはほほえましく見て、「頑張れ」と送り出していたんですよ。

それなのに、今、自分がかかわった幸福の科学の映画作品について、「脚本《きゃくほん》も全部自分が書きました。自分がプロデュースして、配役も全部決めました」と、全部自分の手柄《てがら》にする言い方をしている。本当はいろんな人がサポートしているので、あんなに偉《えら》そうに、「自分がやった、やった」と言う必要はないと思うんですけどね。

●「一般企業《いっぱんきぎょう》に行きたい」と言い、就職先は教団に手配してもらう

鶴川晃久　理事長の仕事机でも、しょっちゅう寝ていました。もう午前中から寝てましたよ。会議中でも寝始めるので、「会議ですよ！」と言って私が手を叩《たた》いて。でも、また寝始めるので、「それでいいですよね！　宏洋さん！」とか、わざと大きな声でしゃべって刺激《しげき》したりして。「何か質問はありますか？」と振《ふ》っても、「ふわっ、特に、ないっす」という感じでした。

経験もないので、実力がないのはしかたがないと思うんですよ。だけど、それに対して頑張って、食らいついてほしかったんですよ。でも、結局、何も変わらないまま、理事長職を退《しりぞ》くことになるわけです。

本人は「一般企業《いっぱんきぎょう》に行きたい」と思っていたので、就職先を探すことになりました。といっ

ても、自分で就職活動をしたわけではなく、就職先は幸福の科学の総合本部のほうで手配しています。

そして、琵琶湖正心館《びわこしょうしんかん》で講話をしたときに、「一般企業に就職し、一社会人からもう一度修行《しゅぎょう》し直して、自分を鍛《きた》え直したい」とフライングで●還俗《げんぞく》宣言して。「そんな勇気があるんだったら、日ごろの会議でちゃんと学びなさい」ということですよ。それだけのスペシャル教育をしていたので。

●涙《なみだ》の決意表明のあと、実際はテニスやデートをしていた

鶴川晃久　ただ、「一般企業に行きたい」と言い出したのは、本当に、「自分は仕事ができない」ということを痛感したのかもしれません。自己意識としては、「もっとできる」と思っていたんじゃないでしょうか。

というのも、彼は、幸福の科学の職員のことをバカだと思っているんですよ。小さいころから、自分にへいこらしていた人たちということで、バカにしていると思います。ただ、実際は、宏洋氏を立てていただけだったんですよね。

あと、幹部が総裁先生から指導される姿もよく見ていたと思うんですけど、それは、単純な

●**還俗**　仏教で、一度、僧侶となった者がもとの俗人に戻ること。幸福の科学では、出家者が教団の職員を辞めることを指す。

計算ミスとかではなくて、高次な経営判断などで指導を受けているんであって、レベルの高い話だったんだということですね。

そういうことを理解しないまま、自分にもできると思って理事長をやってみたけど、そんなにうまくいかないので、「やっぱり、総裁先生みたいに商社マンとかにならないと駄目《だめ》だ。六年ぐらい一般企業で修行したから、先生は仕事ができるんだ」というような結論に、おそらくなったのではないでしょうか。

ただ、琵琶湖正心館で涙《なみだ》を流して講話をしたわりに、そのあと出勤しなくなって何をしていたかというと、友達とテニスクラブへテニスをしに行っていたとか、女の子とデートしていたとか、そんな話を聞きました。あの涙は何だったんだということですよね。そういう人です。

宏洋氏の理事長就任から辞任にかけてのことについては、咲也加《さやか》氏も次のように証言している。

兄は、「幸福の科学の元理事長」という肩書《かたがき》をよく使っているようですが、当会の理事長はよく変わるので、何十人もの理事長経験者がいらっしゃいます。また、兄の前に、すでに二十代の女性が理事長を経験しております。特に、兄が二カ月間、理事長を経験した時期は、若手の抜擢《ばってき》が続いていた時期でしたので、その流れのなかでのことだったということは言えると思います。

もちろん、やらせてみて、力不足や経験不足の面が大きければ、その役職から外すこともあり、実際、兄は二カ月で理事長を解任されています。

また、兄に関して言えば、プライドが高かったので、誰《だれ》かの下につけるということが難しかったということもありました。職員の人たちのことを基本的にバカにしていたので、立場が上じゃないと気が済まない感じといいますか、「理事長なら、やってやってもいい」という雰囲気《ふんいき》があったので、それもあって、総裁先生は兄に理事長を経験させてみたのではないかと思います。兄は仕事をなめているところがあったので、「組織運営がどれだけ大変か、身をもって知りなさい」という〝お試《ため》し期間〟としての意味もあったと思います。

ただ、やはり、いきなり理事長職が務まるわけもなく、それまではまったく大悟館《たいごかん》に寄りつかなかったのに、理事長になったとたんに、毎日、昼も夜も総裁先生と食事をするようになり、「この案件についてはどう思うか」「どういう判断をしたらいいか」

ということを、総裁先生からいちいち訊《き》き出し、言質《げんち》を取ろうとし始めたのです。実質、総裁先生が理事長のようになっていました。

そして、その判断を本部に持ち帰って、先生が言われたとおりのことを、偉《えら》そうにしゃべるという感じで、言ってみれば、総裁先生と本部のつなぎ役をしていたにすぎません。

兄が理事長を解任された理由は、いろいろとあったと思いますが、例えば、「兄自身の未来世リーディングを総裁先生に行《おこな》っていただき、それをお一人百万円目安のご奉《ほう》納《のう》で、信者のみなさまに開示する」というような企画を立てていました。それは、経営判断としてはありえないものだったので即却下《そくきゃっか》されたところ、兄はふてくされてしまったということがありました。

それまでにも、理事長としての仕事ができていないのではないかということを、いろいろな方に言われていたので、「そんなに言うなら、もう辞《や》めてやる」という感じもありました。周りの方は育てようとしてくださっていたようですが、兄は学ばなかったので、結局、実務が分からないまま、お飾《かざ》りのまま終わってしまったということかと思います。

ただ、本来ならば、抜擢されたあと、降格になったり異動になったりしても、「いい経験をさせてもらえた」「めったにないチャンスを与《あた》えられた」と感謝をして、次の場所で頑張るのが筋《すじ》ではないかと思います。そうしているうちに、また別のチャンスが巡《めぐ》ってくる可能性もあります。

兄は、教団の理事長を解任されたあと、幸福の科学学園の副理事長となりました。それも、かなり高い役職なのですが、すっかりふてくされてしまい、学園にもほとんど行かず、仕事らしい仕事はしていませんでした。

それを見かねた総裁先生が、「学園の副理事長として講話をしたらどうか」と言われ、琵琶湖正心館で講話をすることになったのですが、そこで突然《とつぜん》、「職員を辞めます」と宣言しました。「一般企業に行くことが決定しています」と言っていましたが、あの時点では、決定はしていませんでした。総裁先生にも事前の相談は何もなく、まず信者のみなさまの前で宣言して既成《きせい》事実をつくったわけです。

兄が珍《めずら》しくすんなりと講話を引き受けたので、何か怪《あや》しいとは思っていたのですが、そういうことでした。

（二〇一九年七月十二日インタビュー）

また、宗務《しゅうむ》本部で経緯《けいい》を見ていた酒井太守・宗務本部担当理事長特別補佐も次のように証言している。

●プレッシャーに耐《た》え切れなくなると女性に走る

酒井太守　彼は「月刊WiLL《ウイル》」（二〇一九年八月号）のインタビューで、「（理事長を）辞任したいと伝えたんです」と言っていますよね。

ただ、実状としては、そのころ、難題が何本も降ってきて、そのストレスに耐《た》え切れなくなったんですよ。ストレスがかかったら、彼の十八番《おはこ》で、女性に走りましたね。仕事よりも女性を取ることに対して、当時、お目付け役をしていた竹内久顕《たけうちひさあき》さん（当時・幸福の科学宗務本部第二秘書局局長代理）が、「それは駄目だろう」という話をしたんですけど、「もう僕は辞めるんだ！」という感じで逃《に》げてしまったと。

はっきり言って、「理事長職のプレッシャーに耐えられず、女性に走った」ので解任されたというのが真相です。

3　取引先への出向と、突然《とつぜん》の結婚《けっこん》

そのような事情もあったものの、大川隆法総裁は、宏洋氏の「一般企業《いっぱんきぎょう》を経験したい」という意向を汲《く》み取り、二〇一三年四月一日より、宏洋氏は大手建設会社で働くこととなる。幸福の科学からの「出向」扱《あつか》いで給与《きゅうよ》は教団から出すということで、何とか受け入れてもらったかたちだった。

ところが、その年の夏、宏洋氏は大川隆法総裁に、「出向ではなく正社員になりたい」と直訴《じきそ》する。

そのときのことを、咲也加《さやか》氏が次のように証言している。

　兄が、出向扱いから正社員になりたいと言い出したとき、「出向だと社員保険に入れないから」とか、「社宅に入れないから」とか、そうした理由を言っていました。それで、総裁先生も、「分かった。それなら、正社員になれるようにしてください」と了承《りょうしょう》され、総合本部に連絡《れんらく》をしたのです。

そうしたら、「あっ、そういえば、今、付き合っている彼女がいて、子供ができたから結婚《けっこん》する」と言うのです。「本当の理由は、そっちじゃないか！」ということですね。信者ではない一般の女性と結婚したいから、正社員になりたかったというのが理由だったのに、それを、総裁先生が了承されたあとにポロッと言って帰っていくという、そうしたところが兄にはありました。

兄はお願い事があるときにしか大悟館《たいごかん》に来なかったです。しかも、それが毎回、自分勝手なお願いだったので、兄が来るとなると、家族は全員集合で、みんなで、「次は何が来るんだろう」と構えていました。

（二〇一九年七月十六日インタビュー）

総裁への直訴の後《のち》、宏洋氏は八月に入籍《にゅうせき》。翌年の二〇一四年一月一日付で、大手建設会社の正社員になる。だがこれも、幸福の科学の総合本部が骨を折って実現させたことだった。

4　そして離婚《りこん》へ

その後、子供も無事に誕生し、ようやく落ち着くかと思いきや、宏洋氏はその年の暮れに、早くも離婚《りこん》の可能性を口にし始める。

離婚を考え始めた宏洋氏は、再び総裁に直訴《じきそ》するために、子供を連れて突然《とつぜん》、大悟館《たいごかん》を訪《おとず》れたという。

●親権が取れないことを悔《くや》しがっていた宏洋氏

駒沢さゆり　急に、子供を連れて大悟館に帰ってきたときのことを覚えていますね。一歳《さい》になるかならないかぐらいのお子さんでした。私は、宏洋さんがほかの方とお話ししている間、その子を預かって、同じ部屋で子供をあやしたりしていました。

そのときは、朝、タクシーで来たようでした。当時の奥様《おくさま》が起きる前に、子供を連れて避《ひ》難《なん》してきたという感覚で、本人は大悟館に来ているんです。「あそこ（奥さんの所）にいたら、駄目《だめ》だ」という感じで。なので、離婚の話が出てきたあたりですね。

あのときは、宏洋さんは突然来て、リビングに総裁先生やご家族が集まると、なぜか急に泣き出していました。あっ、その子ではなくて、宏洋さん本人が泣き出したんです。総裁先生がそのお子さんを抱《だ》っこされたんですね。その様子を見て感動してしまったのか泣き出して、それでトイレに閉《と》じこもり、なかなか出てこなかった記憶《きおく》があります。

また、別の日にも、宏洋さんが子供を連れてきて、そのときも子供対応ということで、私が呼ばれましたね。そういうことが、二、三回あったと思います。

いつも子供と二人だけで来ていました。「離婚しても親権が取れないから悔《くや》しい。どうしても母親のほうが強いので、親権が取れないいんだ」というところで、悔しがっていました。たぶん、それをどうにかしてほしいと思い、総裁先生のところに来ていたんだと思います。幼い子供を先生や家族に抱っこさせ、自分も泣いて「感動の再会」を〝演出〟することで、先生の情を揺《ゆ》さぶり、先生に何とかしてもらおうと画策していたのではないでしょうか。

案《あん》の定《じょう》、思いどおりの結果が得られなかった宏洋さんは、来たときとは態度を百八十度変えて、怒《おこ》って再びタクシーに乗って去っていきました。

でも、自分の思うようにならないことがあったり、うまくいかなかったりしたときは、思いどおりになるまで、「自分は機嫌《きげん》が悪いんだ」っていうのを、すごくアピールしてきていました。

さすがに言葉では言わないですけど、「俺《おれ》を見ろ」「みんなが何もしてくれないから、自分はこうしているんだぞ」「どうにかしろ」みたいなことが、態度に表れていましたね。

そのころのことを、咲也加《さやか》氏も次のように振《ふ》り返る。

あるとき、朝、突然、自分の子供を大悟館に連れてきて、「うちで育てる」と言い始めたこともあります。奥さんがまだ寝《ね》ている間に、タクシーで子供だけ連れてきたようでした。「奥さんと一緒《いっしょ》にいると、ろくな子供に育たないから、この子だけでも大悟館で育ててください」ということを言っていました。

「誰《だれ》が育てるんですか」と訊《き》くと、「いや、スタッフがいっぱいいるでしょ」「空《あ》き部屋で育ててくれ」などと言い始めたので、「それは事件になるからやめてください」と宗務本部長《しゅうむ》が押《お》し返しました。

総裁先生も社会常識をお持ちなので、「そうは言っても、奥さんに何も言わずに連れてきて、かくまうというのはできないよ。ちゃんと話し合ってきなさい」とおっしゃっていました。

そのときのことを恨《うら》んでいるのかもしれないですね。「強行突破《とっぱ》で連れてきてしまえば、親権が取れる」と思っていた節《ふし》が兄にはあったので、「あのとき大悟館でかくまってくれていたら、親権が取れたのに」と思っているのかもしれません。

（二〇一九年七月十六日インタビュー）

そして二〇一五年の夏、宏洋氏の結婚生活は一年あまりで終わりを迎《むか》えた。

第3章　〝再出家《しゅっけ》〟後の宏洋《ひろし》氏

1　ニュースター・プロダクション（NSP）時代の仕事ぶり

宏洋《ひろし》氏は、離婚《りこん》後の二〇一五年十一月末、正社員になってからわずか二年で、本人の希望により大手建設会社を退社。幸福の科学の職員に復職し、メディア文化事業局担当理事（兼《けん》）ニュースター・プロダクション株式会社副社長として、再び映画事業や芸能部門に携《たずさ》わることとなる。

そのころの宏洋氏を知る人々は、当時のことを次のように振《ふ》り返っている。

●「害虫のような部署」と罵《ののし》られて

愛染美星　宏洋氏の仕事のやり方には驚《おどろ》きましたね。

まず、ニュースター・プロダクションの副社長に就任後、いろいろな「間違《まちが》い」を指摘《してき》してきました。そのときは、当時、社長だった小田正鏡《おだしょうきょう》さんと、松本弘司《まつもとこうじ》さん、私が呼び出されて、小一時間ぐらい叱《しか》られたんですよ。「この事業も、この事業も黒字化していない」とか、「みんなの管理がなってない」とか、そういうことならまだしも、「ここはゴキブリみたいな部署だ」と言っていました。「本当にどうしようもない、不要な害虫だ」というような言い方をしていたと思います。

基本は、「あなたたちは間違っている」というスタンスが、最初からありましたね。全部否定してくるんです。

●幸福の科学職員のことは、はなから嫌《きら》いだった

三觜智大　私が最初に宏洋氏と仕事をし始めたのは、年が明けて二〇一六年になって、彼がニュースター・プロダクションの社長になってからですね。当時、私もニュースター・プロダクションで映画関係の仕事をしていました。

そのころの宏洋氏は、やる気を出してやっていましたね。第一印象は悪くなかったんですけど、腹を割っていろいろと話してみると、「自分が先生を助けてあげなきゃいけない」みたいなことをずっと言っていました。「だいぶ、すごいことを言っているなあ」と思い、話半分で聞いていましたけれども。

宏洋氏が職員嫌《ぎら》いというのは、そうだと思います。「幸福の科学の職員は、お父さん（大川総裁）の下《もと》に集《つど》ってきている、情けない人たち。何もできない人たち」という認識でしたね。ニュースター・プロダクションには、そのなかでも自分とトーンが合うような人たちを集めていたんだと思うんです。「この人は話ができる」みたいな人ですね。

私は、宏洋氏と一対一で話すこともあって、二人だけで食事に行ったことも一、二回あったと思いますね。そのときは、メディアの今後の話とかではなく、総裁先生の悪口とか、大川家の話とかを〝宏洋目線〟で話していました。あとは、下ネタです。

下ネタは、宏洋氏自身が好きなのもあるのかもしれないですけど、何か、「そういう話題じゃないとウケない」と思っている感じがしました。それで、普通《ふつう》の人は言わないような話題を、わざと言ってみたりするような感じでしたね。

大学生のときの話も聞きました。話を聞いていると、宏洋氏はいわゆる〝一軍〟じゃないんですよ。基本的に〝二軍・三軍〟のキャラなんです。「一軍でリーダーシップを取って」みたいなタイプじゃなくて、わりと追いやられていたタイプですね。そのなかで、どう生き残っていくかを彼なりに考えて、そういう「駄目《だめ》キャラ」とか、「下ネタキャラ」で、友達関係で生《なり》業《わい》を立てていたのかなと思いました。そういった人間関係の「反動」で、職員に対しては上から目線で〝マウント〟を取ってくるようなところがあったのだと思います。

●前職のカルチャーを持ち込《こ》もうとする

林洋甫　宏洋氏が、建設会社から戻《もど》ってくるかこないかぐらいのときに、私、彼に直接会っているんですけど、そのときは、けっこう前向きな感じで言ってはいたんです。

ただ、勤めていた建設会社の話をけっこうしていまして、「そこは一流企業《きぎょう》で、大企業で、こういうやり方をしている」「だけど、幸福の科学はまだ後《おく》れてる」という言い方をよくしていました。

私がニュースター・プロダクションに異動してきたとき、最初、宏洋氏が別室に何人か呼び出して、「今からレクチャーをします」と言ってしていた話が幾《いく》つかあります。一つは、お金の話ですね。「以前勤めていた建設会社ではもっと接待費にお金を使っていた。〝飲みニケーション〟が大事だ」「幸福の科学は接待費がすごく少ない」「もっと増やしたほうがいい」という話をしていて、それに対して経理の担当者が、「母体が宗教法人で、信者のみなさんのお布施《ふせ》を頂いているので、そこまではできません」と言っていました。

そのとき、すでに、世俗《せぞく》的なカルチャーとか、前職の会社カルチャーとかを幸福の科学に持ち込《こ》もうとしているのが見え隠《かく》れしているような感じでした。

それと、自分が気に入らないことがあると、けっこうすぐに人を替《か》えたがるところがありましたね。「あの人は駄目だから、次、この人に替えてください」みたいな感じで、総裁先生に言っていたらしいです。

●部下には朝早く来るように指示し、自分は出勤しなくなる

愛染美星　メディア文化事業局では、仕事柄《がら》、徹夜《てつや》で編集作業をしたりすることもあるんですけど、宏洋氏が「朝は早く来るように」と言うので、みんな必死になって朝出てきていました。徹夜をしている人たちは、本当に大変そうでしたね。
ところが、しばらくすると、宏洋氏自身が来なくなったんです。いきなり梯子《はしご》を外されたような感じでしたね。最初の一カ月は来てたかな。彼の場合、遅刻《ちこく》するのではなくて、来なくなりましたね。

●秘書の善意を理解できない

駒沢さゆり　私は、ニュースター・プロダクションに、初め秘書部長として配属されたんです

けど、その初期のころに、宏洋さんの仕事の仕方に疑問を持った、ある出来事がありました。ちょっとしたことなんですけれども、「あっ、この人、何かちょっと違う人なんだな」と思ったことがあったんです。

宏洋さんは、お食事会や飲み会が好きなんです。私はお酒が飲めないので、いつもついていくだけなんですけど、そのときも何かの会で、ニュースター・プロダクションのほぼ全スタッフが参加していたと思います。冬だったので、みなさん、入り口でコートを脱《ぬ》がれており、スムーズに入っていただきたかったので、私がみなさんのコートを預かって、コート掛《か》けに掛けておりました。

そうしたら、宏洋さんもコート掛けをし始め、周りのスタッフも気を遣《つか》って座《すわ》れないので、私が「代わりますよ」と言い、引き受けることにしたんです。

そうしたら、翌日か翌々日ぐらいに、人づてに、「宏洋さんが怒《おこ》っていたよ。なんか、『ハンガーを無理やり駒沢さんに奪《うば》い取られた』って」と聞いたんです。私は、そんなに強引《ごういん》にしたつもりはなかったんですけど、事を大げさにして報告されていたようです。

たぶん、ご本人は、当時、大手建設会社から戻ってきたばかりで、自分は仕事ができるところを見せたかったと思うんですけど、宏洋さんの考える「仕事」というのは、そういうハンガー掛けとかだったんでしょうか。

あのとき、「ありがとうございます」と言って、宏洋さんにハンガー掛けをお任せすればよかったのかもしれないですね。

●高度な判断業務はせず、誰《だれ》にでもできる仕事ばかりしていた

駒沢さゆり　基本的に、宏洋さんが考える「仕事」というのは、「自分でコピーを取る」とか、「自分でシュレッダーをかける」みたいなことで、「この人は仕事ができる、できない」が分かれているようでした。

でも、宏洋さんはニュースター・プロダクションという組織のトップとして立たれていたわけですので、もっと高度な判断をしてほしかったですし、私は、そのために自分たち部下がいると思っていました。

総裁先生も、高度な経営判断をしてもらいたくて、宏洋さんをその立場に置かれていたと思いますので、私たちがするべき仕事を取って、それを自分の仕事として、それで「自分は仕事をしている」と思うのは、ちょっと違うかなと思いました。

逆に、高度な判断のところは、ほかの人にやらせていましたね。「○○さんの判断はどうで

すか」「〇〇さんの確認は取れてますか」と聞いて、重要な判断はほぼ他人に任せっきりでした。もちろん、ほかの方の意見を聞くことも大事ですが、最終的な判断のところも、自分ではされておりませんでした。

コピーなども、私が「これやりますね」と言うと、「いいです！　自分でやります！」みたいな感じで、すぐに怒ります。すごく怖《こわ》いです。だから、空気を読んでやらないといけないんです。

宏洋さんは脚本《きゃくほん》の執筆《しっぴつ》などもされていたので、こちらが気を遣って、「今、お忙《いそが》しいだろうな」「こういう雑用は、こちらで引き取らなきゃな」と思ってやると、「勝手にやった！」という感じで、すごく怒るんです。だからもう、何もやらないほうがいいのかなと思いましたね。

また、一度「この人はこういう人だ」と決めつけてしまうと、もう変わらないんです。総裁先生の教えでは、『誰《だれ》が正しいか』で判断するんじゃなくて、『何が正しいか』で判断しなさい」と言われているんですけど、宏洋さんの場合は、基本的に「人」で判断していて、「この人はいい」「この人は駄目」という感じでした。どんな仕事をするにも、「この人の意見しか聞かない」というような感じです。

ニュースター・プロダクションのスタッフのなかには、宏洋氏からパワハラ行為《こうい》とも取れる行為を受けた人もいる。

●「離婚《りこん》を迫《せま》られた」部下によるパワハラの告発

林洋甫　私は以前、ＩＴ部門にいたことがあったので、宏洋氏から依頼《いらい》されて、タレントがＳＮＳで発信するときのガイドラインをつくることになりました。そこで、前任者がつくった叩《たた》き台を加工して提出したところ、「小学生や中学生のタレントにも分かるようにしてくれ」と怒られました。

それで、「宏洋氏が納得《なっとく》するものをつくるには、少しだけ練り込まなければならない」と思ったんですけど、それがちょうど忘年会の時期に差しかかっていて、僕《ぼく》、忘年会を欠席しちゃったんですよね。でも、忘年会って、宏洋氏にとってはすごく大事だったんです。

そのあと、面談の機会があったときに、「忘年会に来ないとか、ああいうのはちょっと駄目ですよ」「そこで、お互《たが》いの信頼関係とかが築かれたりするから大事なんです」と。で、「昔より付き合いが悪くなったんじゃないですか」という感じで言われて、そのとき理由の一つとして言われたのが、「奥《おく》さんから、飲み会とか行くなと言われているんじゃないですか」と。

実際は、まったくそんなことはなく、「今回は、仕事上、行けなかったんです」という話はしたんですけど、彼は自分の体験とか経験で人を見たり、物事を判断したりするところがあるなと感じられました。

宏洋氏は、建設会社にいたときに、上司から、「家庭と仕事、どっちを選ぶんだ」と言われて、「自分は仕事を取って、離婚《りこん》した」と（事実は違う）。「で、林さんはどっちにしますか。選んでください」みたいな感じで二者択一《にしゃたくいつ》を迫《せま》られました。そのとき、「もし家庭のほうを取るなら、残念ながら降格させていただきます」と言われたんですよね。もう一つ、「次、仕事でミスをしたら、もう駄目ですからね」ということも言われました。

2 人間関係の公私混同

宏洋氏は映画の配役を決めるに当たっても、自分の好みで俳優やスタッフを振《ふ》り回していたという。

●自《みずか》らの好みで人を振《ふ》り回す

三觜智大　「君のまなざし」（製作総指揮・大川隆法、二〇一七年公開）のヒロインになった水《み》月《づき》さんは、忘年会だか新年会だかで、宏洋さんと顔を合わせていますね。当時、ヒロインはBさんの予定だったんですけど、宏洋氏的には、Bさんがあまり気に入らなかった。彼女は受け答えもしっかりしてるし、いい子なんですけど、たぶん、宏洋氏にとっては、〝幸福の科学的な優等生タイプ〟に思えたから、それがつまらなくて駄目《だめ》だったんだと思います。それで、「あの子は駄目ですね。Bさんが駄目な理由を書いて、総裁先生に報告しましょう」みたいになり、「水月さん、いいですね」となったんです。

水月さんは、ニュースター・プロダクションにタレント登録したばかりで、演技経験もなかったので、「自分なんかがやっていいんでしょうか」みたいな感じでしたけど。

ただ、そうやって宏洋氏が無理やり入れたのに、クランクインの前には、もう「水月さんと顔も合わせたくないです」「みなさん、基本的に水月さんと距離《きょり》を取ってください」みたいなことを言い出したんです。すごいですよね。自分で水月さんを気に入っておいて、「嫌《きら》い！」ってなる。

●「信仰《しんこう》はなかった」と言い張っているが、修法《しゅうほう》を行《ぎょう》じていた

嶋村美江　私は、当時、何人かのタレントのマネージャーをやっていました。

宏洋さんは、「女性のお気に入り」というのが必ず出てくる人なんですね。〝えこひいき対象〟みたいな感じです。それで、あるとき、水月さんのことをすごく気に入ったんです。普通《ふつう》にかわいかったのと、たぶん、彼女がアニメが好きで、カラオケでアニソン（アニメソング）を歌ったからなんですよね。それを聴《き》いて、宏洋さんは水月さんにドはまりして、次の日ぐらいから宏洋さんの猛烈《もうれつ》アプローチが始まるわけです。

水月さん本人は、メディア文化事業局の在家《ざいけ》スタッフとしてお仕事をされていたんですけれども、宏洋さんは、いきなり「あなたがヒロインです」ぐらいの感じで迫《せま》っていって。みんなも、「は?」と、「いきなり、ヒロインとか言い出しているんですけど」みたいな感じで。でも、宏洋さんは、「水月さんは歌もうまいし、演技もいける」と言って、突然《とつぜん》、抜擢《ばってき》しようとして、それまでヒロインの予定だったBさんを降ろして脇役《わきやく》にしたんですね。Bさんはパニックです。そのなかで、いじめみたいに、水月さんとBさんと宏洋さんでレッスンが始まるわけです。

当初は、宏洋さんは水月さんにぞっこんで、水月さんの調子が悪くなると、「水月さんのと

ころに、Ｂさんの生霊《いきりょう》が来てる」などと言って、よく自分で霊言《れいげん》をしていました。

水月さんが抜擢された直後に、水月さんは総裁先生の大講演会で司会をやったんですけど、そのときに、水月さんが「心臓が痛い」となって大騒《おおさわ》ぎになったんです。心臓がドクドクしてきちゃったと。そしたら、宏洋さんは「Ｂさんの生霊が来てるんですよ」と言い出して、その場で霊言をしたと思います。「この場は僕《ぼく》が引き取りますから」と言って、それなりに、「エル・カンターレ ファイト」（幸福の科学の悪魔祓《あくまばら》いの修法《しゅうほう》）もやっていましたよ。今は信仰《しんこう》してないそうですけど、そのときは、お祈《いの》りもしていました。

●そのときどきで、他人への評価を一変させる

嶋村美江　ただ、そのあと、今度は、宏洋さんの水月さんへの評価がガラッと変わっていくわけです。きっかけとしては、映画のクランクインが近づいてきて、監督《かんとく》との稽古《けいこ》が始まったころに、「水月さんが、演技ができない」みたいな話になってきたんです。「恋愛《れんあい》シーンもできてない」って宏洋さんがイライラし始めたんですよ。このあたりから、水月さんに対しての評価がガラッと変わってくるんですね。

それで、水月さん受難の時代になるんですけれども、「水月さんは、ちょっと（悪霊《あくれい》・悪魔

に）やられてます」と。「水月さんが来ると頭が痛くなるので、近づけないでくれ」「仕事にならないので、同じフロアにいないようにしてほしい」と言い出して。

そういう感じで、水月さんも降板になりかけたんですけれども、さすがにそれは、何としても阻止《そし》しないとまずいので、こちらは必死に対応していました。

例えば、映画のポスターの制作のとき、宏洋さん的には、ヒロインである水月さんを、「キービジュアルに入れない」という感じだったんですよ。一緒《いっしょ》に撮影《さつえい》したくないんですよ。それで、もう困ってしまって。撮影の日を迎《むか》えるに当たって、「どちらにしても、ＰＲカットの撮影で要《い》りますから、水月さんも撮影に参加します」と、ギリギリで宏洋さんに言って、水月さんも撮影に連れていきました。現場はもう、緊張感《きんちょう》がすごかったです。

スタッフとしては、「ヒロインがいないポスターなんておかしいよね」と思っていたので、宏洋氏を「どう説得するか」ということになったんですけど、そのとき言ったのが、「男二人だけのポスターだと、ボーイズ・ラブに見える」と。そうしたら宏洋さんも、「確かに俺《おれ》、いつもゲイに間違《まちが》えられるしな」みたいになって、それで当日、何とか三人で撮影することができたんです。

ここで水月氏自身にも、宏洋氏が水月氏にどのように接触《せっしょく》してきたのか、また、ヒロインに選ばれた後《のち》、関係が決裂《けつれつ》していく経緯《けいい》について語ってもらった。

●タレントの将来を見通す先見力に欠けていた

水月ゆうこ　私は、宏洋さんが幸福の科学に戻《もど》ってこられたとき、メディア文化事業局で在家のスタッフをさせていただいていて、幸福の科学のアニメ制作のほうで、自分の力を発揮したいという夢がありました。その当時、アニメ制作のスタッフ枠《わく》が空《あ》いて、人材募集《ぼしゅう》がかかったんですけど、私がいちばんやりたかったポジションだったので、在家の身ながら応募をさせていただいたんです。そうしたら、面接まで行くことができました。

それで面接の日、部屋のドアを開けたら、そこに宏洋さんがいたんです。

まさか宏洋さんがいるとは思わなかったんですけど、普通に座《すわ》っていました。そして、アニメ制作のスタッフの面談は、本当にサーッと終わってしまって、そのあとに、いきなり、「歌手になりませんか?」という話が来たんです。

私は当時、宏洋さんがどのような方かをあまり知らず、謎《なぞ》のベールに包まれているイメージがあったんですけど、どなたかから、「すごく冗談《じょうだん》がお好きな方だ」というようなことを聞いていたので、「ああ、きっとこれも冗談なんだな」と思って、恐縮《きょうしゅく》しながら、「主《しゅ》のお望みならば」って答えたんです。その言葉がいけなかったのか、宏洋さんのなかで、「この人は、ものすごくやる気だ」「やる気満々で、ニュースター・プロダクションに入ろうとしているから、入れてくれ」みたいな話になってしまったらしいです。

思い出してみると、その面談の前に、忘年会がありまして、カラオケに行く機会があり、私も一曲歌ったんです。「千本桜」という曲です。私は普段おとなしくしていたほうだったので、そのとき、宏洋さんから、「この人、こんなテンション高く歌えるんだ」と思われた節《ふし》はある気がします。「おとなしいと思っていたら、歌うんだ」みたいなギャップが、あったのだと思います。

でも、面談のときは、「アニメ映画の人材募集で面接に行ったのに、どうしてNSPの話に持っていくんだろう」と、ずっと疑問には思っていて。「私は年齢《ねんれい》も二十代後半だし、まさかそんなことは言われないだろう」と思っていたので、あんまり本気に受け止めていなかったんですけれど、その二日後、竹内久顕《たけうちひさあき》さん（当時・ニュースター・プロダクション〔株〕芸能統《とう》括《かつ》専務取締役《とりしまりやく》兼《けん》幸福の科学メディア文化事業局担当理事）とか、ほかの方との面談に呼ばれまして、そのとき初めて「NSPに入るための面談をしたい」って言われて。「あっ、誤解されてる」と気づいて。

宏洋さんは、「けっこう自分の思う方向に、話を持っていっちゃう方なのかな」という印象は受けました。私自身は、そこまで話が進んでいると思っていなくて、ましてや、ニュースター・プロダクションに入るなんて毛頭《もうとう》考えていなかったので、そのときは、「すみません、一週間考えさせてください」とお答えしたんです。

でも、その面談が終わった五分後ぐらいに、宏洋さんご本人がサッとやって来られて、「今、このときに新時代の美を創造しなければなりません」「今、行けるってことがどれだけすごいことか」ということを語られました。

でも、プロダクションのタレントとして歌を歌うとか、そういうふうになっていくと、教団のお金が動くということですし、時間も使っていただくということになるので、その旨《むね》は、もう一回お断りしたんです。「歌は好きですけど、カラオケが好きな程度で、教団を背負って歌うまでは行けませんので、別の道でお役に立たせてください」「司会でしたら、昔、ちょっとかじったことがあるので、小さな行事などでお役に立てるかもしれません」とお伝えしたら、「じゃあ、それでいいので」と納得《なっとく》していただいたので、ニュースター・プロダクションに入りました。

しかし、入ってすぐにボーカルレッスンが始まりました。そのときには、私自身、「とりあえずできることは全力でやろう」という気持ちになっていたので、レッスン以外にも自主練は重ねていましたが、私からしたら、本当に素人《しろうと》で、歌の経験がなくて、いきなり歌手デビューさせるというけど、そのあとのビジョンはどうされているんだろうとは思いました。

面談は何度かしましたが、「歌で新時代の美を創造していきたい」「次の主題歌を歌っていただきたい」ばかりで、歌手としてどういったところに魅力《みりょく》を感じたのか、例えば声なのか声量なのか音感なのかというものですけれども、そのあたりは聞いたことはなかったです。

そういうこともあって気分で人選されているような気がして「歌はやっぱり難しい」と何度も訴《うった》えてはいたのですが、途中《とちゅう》から「なんか反発してくるな」という雰囲気《ふんいき》はあったと思います。デビューできたとしても、その後、歌手としてどういうビジョンを描《えが》いているか見えなかったので、視野の広さや先見性の部分では、危ないものは感じていました。

●面談中、タレントを問い詰《つ》め、椅子《いす》を蹴《け》る横暴ぶり

水月ゆうこ あとは、自分が目をかけている人、そのなかでも特に女性に対してはイエスマンになる傾向《けいこう》があったと思います。

例えば、一回お世話になった講師の方について、「あの方のレッスンは、すごく勉強になりました」と宏洋さんに言ったら、「じゃあ、次も連続して呼ぼう」みたいな話になったり、私の発言が組織に影響《えいきょう》しているのを感じたときに、「ちょっと怖《こわ》いな」と、「発言に気をつけなきゃいけないな」と思いました。

そして、あるとき、宏洋さんから、赤坂《あかさか》のレッスン場での二人稽古に誘《さそ》われたんです。講師の方もいるのかと思って行ったらいなくて、結局、二人で自主練をしたんですけれど、そのあとに「ちょっとお話があります」と、「水月さんに、ヒロインをお願いしたいと思います」と言ってきて、もう決定事項《じこう》みたいな感じでしたね。「やってくれませんか」じゃなくて、「決まりました」みたいな感じだったので、「えーっ!」みたいな。

でも、ヒロインはBさんだと聞いていたので、「Bさんは、どうしたんですか?」と訊《き》いたら、「今、ちょっと休息を取ってもらっています」とおっしゃっていて。そこからでしたね。配役がいろいろと替《か》わったり、主題歌や挿入歌《そうにゅうか》を歌う人が替わったり。クランクインの一、二カ月前に、けっこう大幅《おおはば》に変わった記憶《きおく》はあります。

先ほど、歌手の件についてお話ししましたが、一回、宏洋さんとの面談のときに、「歌手をやりたいの? やりたくないの?」「水月さんがニュースター・プロダクションに入ったことに対して、どう思ってるの？」みたいな感じで問い詰《つ》められたことがありました。そもそも、その質問自体どうなんだろうと感じましたが、そのときは私も精神的にきていましたので、「教団を背負っては歌えない」ということと、「思っていた以上に、大変なことになっちゃったなと思っています」ということをお伝えしたら、宏洋さんが、近くにあった椅子《いす》をガンッと蹴《け》り始めたんです。

それがあまりにも衝撃《しょうげき》的で、怖かったイメージがあります。そこから何を話したか、どうやって終わったかも、あんまり記憶がないですね。

3　宗教施設《しせつ》をないがしろにする

宏洋氏は当時、エル・カンターレ信仰《しんこう》記念館という、複数の職員が暮らす宗教施設《しせつ》に住んでいた。そこでの生活について知る人たちに話を聞いた。

●神聖なる空間の意味合いをまったく理解していなかった

駒沢さゆり　宏洋さんは、ニュースター・プロダクションに来たときから、エル・カンターレ信仰記念館に住んでいたと思います。そこは職員寮《りょう》のようなところで、宏洋さんのほかにも男性職員二人と、家事などを担当する女性職員二人が、男女別々のフロアで、鍵《かぎ》のかかる部屋に住んでいました。私もニュースター・プロダクションに秘書として入ったときに、エル・カンターレ信仰記念館に入りました。

宏洋さんが使用した部屋は、基本的に汚《きたな》かったです。宏洋さんは一階に住んでいたんですけど、一階には共用のリビングもあって、そこはお祈《いの》りをする礼拝《れいはい》室でもありました。エル・カンターレ信仰記念館メンバーで朝、お祈りする場所だったんです。そうした神聖な空間に、宏洋さんは友人を呼び込《こ》んで、次の日は、ワイングラスとか、食べたお菓子《かし》のから等が、置きっ放しにしてありました。そういうのを私たちで片付けるのですが、みんな、「なんで、この人のために、こんなことをやらなきゃいけないんだろう?」と思ってました。

何度も夜中に騒音《そうおん》で目が覚めることもあり、他の職員の方から、本人に何度か注意をしていただいていたのですが、本人は「普通《ふつう》は家に友達を連れてくるのは当たり前だ。〝自分の家〟に友達を連れてきて何をしたって関係ないだろう」と逆ギレだったそうです。エル・カンターレ信仰記念館は宗教施設であり、修行《しゅぎょう》空間です。尊いお布施のもと、修行環境《かんきょう》を頂いていることを忘れ、タダで遊べるクラブハウスと勘違《かんちが》いしていたのなら、信者のみなさまに申し訳ないです。

周りは住宅地で本当に静かなのですが、本当に迷惑《めいわく》だったと思います。

●自《みずか》らの都合《つごう》で、他の職員を理不尽《りふじん》に追い出した

林紘平　エル・カンターレ信仰記念館のメンバーは、あるとき、私以外の全員が出て行くことになったんですよ。宏洋氏から、「出て行ってくれ」みたいになって。何人も何人も理不尽《りふじん》なクビのされ方をしていたので、みんなけっこう傷ついていましたね。それで最後、私一人しかいなくなってしまって、一年半ぐらい、家事なども全部、私がやることになってしまいました。宗務《しゅうむ》本部のほうで、私が休みのときに代わりにやってくれる補助の男性を、もう一人つけてくれましたけれども。

そうなる前、宏洋氏が、けっこう頻繁《ひんぱん》に一般《いっぱん》の友達を連れてくるようになったんですよ。それでみんな、「それはもう勘弁してほしい」となりまして。

ある晩、私のほかにエル・カンターレ信仰記念館に住んでいた男性職員が、館内で外部の知らない女性と出くわして、その女性に、「どなたですか」「いったい何をしているんですか？」と問い詰《つ》めたらしいんです。そしたら翌日、宏洋氏が、「みなさん、ここから出てください」

ということになりまして。それで、「私も出られるのかな」と期待したら、「林さんは残してください」と言われて、「残るんだ、私は……」と（笑）。たぶん〝小間使い〟として使える人が一人いないと自分の生活が成り立たないと、直感的に分かったんでしょうね。

どんちゃん騒《さわ》ぎは、私がいた二年半ぐらいの間に、七、八回はあったと思います。基本的に帰るのは夜中の三時、四時とか、朝までとかで、朝、私たちが起きてきたら、リビングはグチャグチャになっていて、ワインの瓶《びん》が散乱して、お菓子のカスとかもけっこうありましたね。

●休日も関係なく部下を酷使《こくし》していたブラックな仕事ぶり

林紘平　私は、宏洋氏の身の回りの世話をしていましたが、大変でした。宏洋氏から、四六時中、連絡《れんらく》が来るんですよ。急に「送迎《そうげい》できないか」とか。休みとかは関係なしに、ガンガン来るんです。

送迎のほかにも、「これを買っといてください」とか、「これを用意しといてください」とか、「部屋が臭《くさ》いから、どうにかしてほしい」とか、「シャンプーが切れたから買っといてください」とか、洗顔ソープとかスキンケア用品とか。あとは、いつも飲んでいる栄養ドリンクとか、プロテインとかもそうなんですけれど、何かいろいろ飲んでいるものがあるんですよね。それを毎回、切れないように補充《ほじゅう》もしているんですけれど、切れちゃったときとか、新しく新規購入《こうにゅう》してほしいときとかに、購買依頼《いらい》がけっこうありました。

送迎も、「今から十分後に来れますか」とか、突発的《とっぱつ》に来ることがけっこう多くて。でも、行ったら行ったで、宏洋氏は全然来ないんですよ。三十分ぐらい待たされることもザラでしたね。ジムの行き帰りとか、外部の人と外食するとか、しょっちゅうありました。

●激しい思い込《こ》みで多くの人に迷惑《めいわく》をかけた「ゴキブリ騒動《そうどう》」

林紘平　夜中にも、けっこう電話がかかってきました。虫が出たら、基本、ＮＧなんですよ。特にゴキブリがＮＧでした。宏洋氏は自分では対処できないので、毎回、私が呼ばれて対処するんですけど、ゴキブリが出たのは三回ぐらいありましたかね。でも、寮のなかで、なぜか宏洋氏の部屋だけにゴキブリが出るんです。

あるときは、私がキッチンで料理をしているときに、玄関《げんかん》の前でずっとウロウロしている人がいたんですね。「誰《だれ》だろう?」と思ってモニターをよく見たら宏洋氏でした。そこで三十分ぐらいウロウロしていて、そのうち、私のケータイに電話がかかってきて、「林さん、すいません。ちょっと玄関に来てもらえますか。セミが、玄関のテンキーのとこにとまってて、ちょっとどかしてもらえますか」みたいな、そういうレベルでも仕事が来るんです。

ゴキブリ事件は何回か発生したので、宏洋氏が、「寮の前庭にある植栽《しょくさい》を全部撤去《てっきょ》してくれ」「重機を入れて更地《さらち》にしてくれ」と言ってきました。寮のある地区は、一定の広さの土地に対して、「これだけの植栽は植えましょう」という条例みたいなものがあるので、「そういう条例があるんですけれど」と言ったんですけど、「いや、そんなの関係ない。庭は全部コンクリートにしてくれ」みたいなことになってしまいました。それで、段取りも組んだんですけれど、最終的に、「それはちょっとおかしい」という意見が専門家から出まして。そもそも、植栽の前に、宏洋氏の部屋の住環境《かんきょう》が整っていないから、そういうことになるんでしょうということになりました。

実際、ゴキブリ駆除《くじょ》の業者さんに入ってもらって調べてもらったんですけど、まったく問題ないということが分かりました。だから、「植栽が必ずしも原因ではないですよ」という話はしたんですけど、宏洋氏はもう「植栽のせいで発生しているんだ」と言っていました。思い込《こ》みがすごいんです。

さすがに、「経費が百万円はかかりますよ。宏洋さん、自費で出しますか?」と言って説得して、一階から三階の部屋に移ってもらって、植栽は無事に残りました。ただ、三階を宏洋さん用にリフォームしたので、その費用はかかりました。

●自分が紛失《ふんしつ》した物を部下に探させていた

林紘平 あと、物をよく失くしていました。「財布《さいふ》をなくしたので、探してほしい」みたいなことを言われて、私が警察を回ったりしていましたね。少なくとも三回はあったと思います。クレジットカードとか免許証も入っていますし、私も何とかして探そうとするんですけど、結局、毎回見つかりませんでした。

●貴重品をそうとうな頻度《ひんど》でなくしていた

三觜智大 確かに、しょっちゅう財布とかカバンをなくしていました。カバンが変わっているので聞いたら、「この前、なくしちゃって」と。「十万円、入っていたんですけど」みたいな、信じられないことを言っていましたね。ｉＰｈｏｎｅ《アイフォン》も、見るたびに新しくなっていて、けっこうな頻度《ひんど》でなくしてたと思います。

●部下を「召使《めしつか》い」としか認識していなかった

林紘平　あとカバンに嘔吐《おうと》物がついていたりすることがあって、それも全部、私が対応していました。朝五時ごろに宏洋氏がタクシーで朝帰りしてきたと思ったら、タクシーのなかでも吐《は》いてしまっていて、そのときはドライバーさんにクリーニング代としてお金をお支払いしましたね。

飲みすぎると、吐いていました。けっこう家のなかでも吐いちゃうんです。床も一回ありましたし、洗面所で吐いて配管を詰まらせてしまったこともありました。業者さんを呼んで、取ってもらったこともありました。けっこう、そういうことが多かったんです。

洗濯《せんたく》も大変で、こだわりのTシャツとかを、すごくたくさん持っているんです。同じようなTシャツをズラーッと並べて、買いだめしてるみたいな。最初、タンスのなかにたたんでしまっていたんですけれど、シワができたりするじゃないですか。そうすると、「シワができているんで、ちゃんと取ってください」みたいなことを言ってくるので、ハンガーにかけるようにしました。Tシャツだけで、百枚ぐらいはあったと思うんですけど。

しかも毎回、もうすごい量の洗濯物が出るんですよ。それを毎回、全部アイロンがけするるんです。そのクレームも多くて、「ちょっとシワが寄っちゃってる」とか、「色落ちしちゃった」とか、「臭い。ちゃんと洗えてないんじゃないですか。もっと柔軟剤《じゅうなんざい》を多く使ってください」とか。そのつど改善しつつで、それはけっこう大変でしたね。

「なんで、こんなことをやらなきゃいけないんだろう」「何のために出家《しゅっけ》したんだろう」と、苦痛だらけでした。自分のなかでも、葛藤《かっとう》がすごかったと思います。宏洋氏は、私のことを「人」というより、「下僕《げぼく》」というか「召使《めしつか》い」として見てたんじゃないかなと思います。

4 歌手活動へのクレーム

二〇一六年、宏洋氏は歌手として、幸福の科学の二大祭典で歌を披露《ひろう》した。しかし、それが大顰蹙《だいひんしゅく》を買う。祭典の運営にかかわった人たちに、当時を振《ふ》り返ってもらった。

●大講演会での歌唱にクレームの山

松田三喜男　二〇一六年のエル・カンターレ祭で、総裁先生の御法話《ごほうわ》の前に、宏洋氏がバンド演奏をやって歌を歌いましてね。私は、当時、メディア文化事業局で行事運営を見ていたのでかかわりはありましたが、本当に大変でした。このとき、宏洋氏はかなり強引《ごういん》に、「エル・カンターレ祭でバンドをやるんだ」と言ってきました。

本番当日、おそらく十分な練習もできなかったんだと思うんですけれども、ボーカルの宏洋氏は音程をかなり外していたので、「これはちょっとまずいな」と思いました。「会場のみなさんはどう思われたのかな」と思い、終了後に本会場で回収させていただいたアンケートを確認したところ、やはり、歌に関するクレームが何十枚もありました。さらに、全国の衛星中継《ちゅうけい》会場からも大変なクレームが来ました。

また、本会場は、場の雰囲気《ふんいき》や音の反響《はんきょう》などがあるので、歌のうまい下手《へた》はそれほど目立ちにくいほうだと思ったのですが、終了後、録画したものを幸福の科学の全国の支部や精舎《しょうじゃ》に流す段階になって、改めて、「これはけっこうきつい。どう扱《あつか》おうか」と、かなり悩《なや》んだことがありますね。

本会場でのクレームは、「これはもう、宏洋氏本人に全部見せよう」ということで、まとめて本人に渡《わた》しました。それで、もう二度と「歌をやろう」ということは言わなくなりましたよね。そうとうこたえたと思います。

●自《みず》らの歌唱力を客観的に分かっていなかった

三觜智大 映画「君のまなざし」のときの歌は、宏洋氏が「自分で歌う」と言っていました。総裁先生から原曲を頂いていましたが、宏洋氏は、それをまったく無視していました。宏洋氏はアニソンが好きなんですよね。それで、編曲をしてくださる方に、自分の好きなアーティストを伝えて、「こういう系でつくってください」と発注していました。それで、アニソン風に上がってきた曲を、「これ、歌う人いませんよね？ もう自分が歌うしかないじゃないですか」と（苦笑）。それで、結局、自分でやってしまいました。

「自分は歌が下手だ」という自覚はないと思います。本人は、全部、生演奏《なまえんそう》で、ちゃんとバンドでやりたいという希望があって、「Revolution!!《レボリューション》」と「君のまなざし」は人前で歌いました。「生歌じゃないと意味ないじゃないですか」と。それで、「君のまなざし」を歌ったんですけど、アンケートを読んで、へこんでいましたね。

確か、そのあとに、レコーディングの本収録があったんですけど、そのときは、レコーディングも全然うまくいかないし、宏洋氏は途中《とちゅう》で嫌《いや》になっちゃって、ディレクターに、「ああ、もう無理です」という感じのことを言っていました。

そのとき、僕《ぼく》もついていってたんですけど、「もう歌からは撤退《てったい》しようと思うんですけど」ということを言っていました。でも、実はそのとき、メジャーデビューしようと思って話を進めていたところだったので、ドタキャンしたかたちになってしまい、各方面で信頼《しんらい》を失いましたね。

5　千眼美子《せんげんよしこ》の出家《しゅっけ》

宏洋氏は、YouTube《ユーチューブ》等で、千眼美子《せんげんよしこ》（清水富美加《しみずふみか》）氏を「元婚約者《こんやくしゃ》」と称《しょう》している。その真偽《しんぎ》について、当時、そばでよく見ていた人の証言を得た。

●宏洋氏は、当初から千眼美子《せんげんよしこ》に〝その気〟があった

嶋村美江　宏洋さんは、千眼《せんげん》さんのことを、最初は絶対好きでしたよ。まだ会う前からテレビとかで観《み》て、「幸福の科学の会員さんなんだ!」みたいな感じで、〝その気〟だったと思います。

千眼さんは清水富美加時代、ある映画の撮影《さつえい》に入る前に、東京正心館《しょうしんかん》に祈願《きがん》を受けに来ていたんですね。そのころ、ニュースター・プロダクションが立ち上がっていたので、彼女のお父

さんから、「つらい映画が何個も続くので、お祓いをしてもらえないだろうか」という相談が
あって。そのことが竹内久顕さんとか宏洋さんの耳に入って、駒沢さんと三人でフォローに入
ったんですよね。三人が祈願に同席して、そこでは、よい雰囲気だったと聞いています。

その映画には宏洋さんの友人も出演していたので、宏洋さんは、実はその影響も受けている
んですよ。大学時代の友人が芸能界で活躍していたので、これに宏洋さんも触発されている面
はあったのではないかと思います。その友人は芸能人として頑張っていたわけですが、「いや
いや、あなたは芸能人じゃなくて宗教家でしょう」と、私たちは思っていたんですけどね。

その友人が清水富美加と共演していることもあって、宏洋さんは縁は感じていたと思うし、
「一緒に飲みに行こうよ」みたいな感じの誘いを、その友人経由でやってました。千眼さんは、
「宏洋と友達なんだけど、今度、飲みに行かない?」と、現場でその人から誘われたって言っ
ていました。彼女は信仰心があって、そのときは、宏洋さんのことも、総裁先生の長男ですご
い人だと思ってたから、「ええーっ! 宏洋さんと、そんな無理!」みたいな。どちらかという
と、そういう感じです。

そういう経緯があって、その祈願のときが、たぶんファースト・コンタクトになっています。

●宏洋氏のほうが、結婚《けっこん》に向けてのフォローをお願いしていた

嶋村美江　その後、総裁先生が「清水富美加の守護霊霊言《しゅごれいれいげん》」を録《と》られたら、宏洋さんと縁があって、その後、宏洋氏本人が結婚《けっこん》を匂《にお》わせるような霊言をして、その気になって、宏洋氏のほうから、竹内久顕さんたちに「自分の嫁《よめ》候補として、ぜひお願いします」ということを言っているんです。「お願いします」って、はっきり宏洋さんは言っているはずです。

このときに宏洋氏が行《おこな》った霊言は、幸福の科学の公式ホームページで音声が一部公開されているが、その前後にあったことについて、咲也加《さやか》氏は次のように語っている。

兄は、千眼さんに関する日蓮《にちれん》の霊言があった際に、総裁先生から、「結婚が決まったから」とか、「NSPのタレントを全員出家《しゅっけ》させると脅《おど》された」であるとか、「三時間ぐらい詰《つ》められた」などと言っていますが、そうした事実はございません。

その日蓮の霊言が行われる前、兄は、千眼さんをこのまま出家させたら、自分がかかわった映画「君のまなざし」が映画館でかからなくなるのではないかと不安になり、

大悟館《たいごかん》に乗り込《こ》んできて、「『君のまなざし』がかからなくなる！ 千眼美子の出家はやめてくれ！」などと言って泣きわめいていました。

そこで、兄の守護霊の意見を聞いてみようということになり、アポロンの霊言を録《と》りました。これは日蓮の霊言と同様、総裁先生の前で兄自身が霊言をしたもので、日蓮の霊言の前に行っています。

アポロンが兄の体に入ると、「申し訳ありませんでした、このバカが！」「こいつが、気が弱くて本当に申し訳ありません」と言いながら、突然《とつぜん》、自分の胸のあたりをドンドンと叩《たた》き始めました。つい先ほどまで、「出家はやめてくれー！」と泣いていたのに、アポロンを入れたら、「申し訳ありません！」「こいつによく言い聞かせておくんで」などと自分の体を叩き始めたので、「大丈夫《だいじょうぶ》かな」と本当に心配になりました。

そのあとに、千眼さんやメディア事業の未来について日蓮様に訊《き》いてみようとなり、そのまま、兄に入れて霊言を行ったところ、千眼さんと兄の結婚を匂わせるような霊言になったのです。

「三時間詰められた」と言っていますが、兄がアポロンの霊言で延々と一時間ぐらい、「本当に、こいつがすみません」と言って体を叩いていたので、「自分で自分を詰めていた」ということは言えるかもしれません。「ＮＳＰのタレントを全員出家させる」というのは、本当に何のことを言っているのか分かりません。

（二〇一九年七月十二日インタビュー）

●プライドが傷つけられ、好意が恨《うら》みに豹変《ひょうへん》

嶋村美江　宏洋さんは「千眼さんのフォローをお願いします」と自分が言ったにもかかわらず、千眼さんが出家することになって、竹内さんたちがそちらのフォローに入るようになると、ちょっと寂《さみ》しくなったんですよね。竹内さんたちを取られたみたいになって、嫉妬《しっと》というか、複雑な関係になってしまったんですね。

それプラス、自分がやりたいことを、全部、千眼さんはやれるんです。ツイッターのフォロワー数から何から何まで、宏洋さんは千眼さんに勝てないんですよね。そういう関係になったと思うんですよ。それで、ニュースター・プロダクションの女性タレントに走り始めるわけですね。でも、まだ千眼さんのことも好きだったと思うんですよ。

そんななか、竹内さんの家で食事会をしたんです。このとき、宏洋さんとしては、「結婚相

手とのお見合い」みたいな、「初顔合わせ」の気持ちでいたと思います。

ですけど、当たり前なんですけど、千眼さんには一言《ひとこと》もそんなことは言っていないんですよね。千眼さんも、精神的にギリギリの状態で、とてもじゃないけど言える状況《じょうきょう》じゃないので、本人には一切《いっさい》言っていなかったんですよ。

だから、本当に、ただの顔合わせだったんです。ところが、この顔合わせのときに、宏洋さんは千眼さんに〝振《ふ》られ〟たんですよ、勝手に、一方的に。千眼さんとしては、別に振ったつもりはなくて、宏洋さんが某《ぼう》俳優に似ていると言っただけなんですけど、宏洋さん的には〝振られちゃった〟んですよね。それで、明らかに途中《とちゅう》からおかしくなって。

それまでは、宏洋さんも、「よろしくお願いしますー！」みたいな感じで、お酒も持ってきて、おつまみも持ってきて、楽しく話したんです。でも、千眼さんとしては冗談《じょうだん》だったと思うんですけど、某俳優に似ていると言われて、「これは脈なしだな」って、たぶん思ったんでしょうね。それで、「うーん……」ってなってきて、突然、ボンッて（悪霊《あくれい》・悪魔《あくま》が）入っちゃって。あれはもう入りましたよ、完全に。

それで、総裁先生の悪口を言い始めたんです。それで、私たちも呆《あき》れちゃって、「終わったな」と思ったんですよ。宏洋さんは、ウワーッて興奮《こうふん》して、総裁先生の悪口を言いまくって。

千眼さんも、びっくりしちゃうじゃないですか。顔合わせをしてこれからという場でしたし、千眼さんは当時精神的にも不安定だったので、本当にかわいそうでした。

そのあと、私、宏洋さんに廊下《ろうか》に呼び出されたんです。その時点で、もう完全に切り替《か》わっちゃっているんですよ。千眼さんのことは諦《あきら》めちゃってるんですね。で、「タレントの橘百花《たちばなももか》に行きましょう」って言い始めたんですよ。私は、「これは仕事のことだけじゃなくて、プライベートもなんだろうな」と、「ああ、次は橘さんに行くんだな」とピンときましたね。

食事会が始まるときは、「富美加ちゃん、富美加ちゃん」だったのが、もうカーッと恨《うら》みに変わっているんですよ。で、「嶋村さん、もう帰ってください」「こんな人にかかわらなくていい」「今日から、もう金輪際《こんりんざい》、千眼美子にかかわらなくていい」みたいな。プライドが傷つけられたのか、分からないんですけど。

でも、そんなこと言われても、「はい」とは言えないじゃないですか。当時は、まさに、芸能界で光と闇《やみ》の戦いをしている真っ最中だったので、NSPの社長として、幸福の科学の芸能事業の責任者の一人として、本当にありえない判断だと思いました。食事会の最後に「百花に行きましょう。あの子を売り出しましょう」と何度も繰《く》り返し言われたことをはっきり覚えています。

6　トラブル続きの映画脚本《きゃくほん》・劇場旗揚《はたあ》げ

二〇一七年三月三日、映画「さらば青春、されど青春。」（製作総指揮・大川隆法、二〇一八年公開）の脚本《きゃくほん》コンペが行われた結果、三男の裕太《ゆうた》氏の脚本をベースにすることとなり、宏洋氏の脚本は却下《きゃっか》された。この映画は、実は宏洋氏の着想だったという。

●教祖伝を「父殺し」や「自殺」の内容にした

嶋村美江　映画「君のまなざし」の撮影が終わったあと、宏洋さんが「次の企画《きかく》を思いつきました」と言って、教祖伝の一つである『若き日のエル・カンターレ』（宗教法人幸福の科学刊）を映画化したいと言い始めたんです。

このときの私たちの感触《かんしょく》としては、「これ、ちょっと二代目狙《ねら》いなんじゃないか」「たぶん、本人はこれで主演をやるって言い出すだろう」「ちょっと危ないね。怖《こわ》いね」という話を内々でしていました。宏洋さんは、どちらかというとエンターテインメントが好きで、宗教家タイプじゃない人なのに、『若き日のエル・カンターレ』を映画化したいと。

ただ、総裁先生は本当に宏洋さんのこと愛されているし、育てようとされていたので、企画を採用されて、映画化に当たっての原案を下さったんですね。それが、「さらば青春、されど青春。」になるわけです。

宏洋さんは今、「さらば青春、されど青春。」や「世界から希望が消えたなら。」を総裁先生の自伝映画であると言ってケチをつけているようですが、そもそも宏洋さんが言い出した企画であったんですよ。

ところが、このあたりから立て続けに脚本がクラッシュしていきました。

父殺しや自殺、下品な下ネタなどが頻繁《ひんぱん》に出てくる内容が続き、脚本が通らなくなりました。私たちが読んでも、とても幸福の科学の映画として制作するべき内容ではありませんでした。

私は、「さらば青春、されど青春。」については、総裁先生がきっと宏洋さんを潰《つぶ》さないようにと思って、主演を宏洋さんに残してくださったのではないかと思っています。

●原案を妄想《もうそう》で書き換《か》え、自分中心にストーリーを書き換えた

松田三喜男　私は二〇一六年の終わりぐらいから、ニュースター・プロダクションを兼任《けんにん》することになり、二〇一七年に入ってから宏洋氏と直接いろいろかかわりが出てきました。

まず、二〇一七年の二月から三月にかけて、映画「さらば青春、されど青春。」のシナリオ関係が動いていて、最初は宏洋氏もシナリオをやっていたと思うんですけれども、どうしても内容が下品になったり、原案からかけ離《はな》れた内容を盛り込《こ》んできたり、自分の人生に重ね合わせたようなストーリーになっていたりして、彼の妄想《もうそう》でやってくるので、当然スッと通るわけもないですね。

その「シナリオが通らなかった」ということで、宏洋氏は当時、挫折《ざせつ》をしていると思うんですよね。それが一つあったと思います。

それと当時、三月終わりから四月（三月二十五日から四月二日）に、「劇団新星」の旗揚《はたあ》げ公演「俺《おれ》と劉備《りゅうび》様と関羽《かんう》兄貴と」を控《ひか》えていました。劇団の座長は宏洋氏が務め、脚本も宏洋氏が書き、かつ主役の張飛《ちょうひ》も宏洋氏が演じるので、サポートが必要だということで、私がお手伝いにまわるという感じでした。

●宏洋氏の脚本《きゃくほん》は下品で、スタッフや出演者を困惑《こんわく》させた

松田三喜男　ところが、その脚本《きゃくほん》が、何と言うんですかね、けっこう下ネタがありまして。私が入ったころには、すでにその内容で稽古《けいこ》が走っていたので、「え？　本当にこれをやるのか？」

という感じがありました。稽古の現場に行くと、主役の張飛役を演じる宏洋氏が、劉備役の女優さんに急所を蹴《け》られて、転がって、「あうー」みたいな感じで、痛がりながら喜んでいるという演技をしていたんですよ。「これは、どうなのかな」と思いましたね。

入浴シーンのようなものもありまして、これは最終的に見せ方を工夫《くふう》して、そんなに変な感じにはなっていなかったと思いますけれど、急所を蹴られて云々《うんぬん》というシーンは、さすがに私以外の人からも、声が上がりました。確か、当時、劇団員以外にも、外部のキャストの方も入ってやっていまして、外の舞台《ぶたい》でいろいろ活躍されている方が、「私の出る舞台で、こんなシーンをやるのか」と困り果てていたという話は記憶《きおく》しています。

そういう下品な内容は、幸福の科学の作品としては上演できません。幸福の科学の映画や舞台は、多くの信者のみなさんのご支援《しえん》を頂いてつくっていて、伝道にもつなげていこうとしているものなので、当然、そういう内容は認められないんですけれども、宏洋氏は、そのへんのところが分からなかったというところはあったと思いますね。

宏洋氏にとっては、「面白《おもしろ》いかどうか」ということが大切であって、宗教的な価値、仏法真理《ぶっぽうしんり》の価値は、まったくゼロとは言わないですけれども、主従が逆転していくというか、エンタメのなかに仏法真理を少し含《ふく》ませていくという考え方でしたね。

われわれがやろうとしているのは、そうではなくて、仏法真理をいかに多くの方に分かりやすく伝えるかで、そのためにストーリーをいろいろとつくって、観《み》た方に天上界《てんじょうかい》の価値観に合った考え方や感動を持って帰っていただくことだと思うんですけれども、それが彼には分からなかったということはあったと思いますね。

●あまりにもひどいSMシーンや下ネタ

嶋村美江　劇団のときも大変でした。宏洋さんは、よく総裁先生のところに直談判《じかだんぱん》に行っていたようでした。奇襲《きしゅう》をかけるように乗り込んでいって、先生が「うん」と言うまで帰らないような方法を取っているように見えました。

あのときも、宏洋さんが書いたシナリオにやや問題があって、確か諸葛孔明《しょかつこうめい》をおかま役にしていることに対して、総裁先生から責任を取って宏洋が諸葛孔明をやるようにというご教示があったと思うのですが、宏洋さんが〝ゲリラ戦〟をやって何時間も粘《ねば》って、最終的には張飛役をすることを認めてもらったように記憶しています。

そのとき宏洋さんは、「今から行ってきます！」と言って本部を出て行って、六時間後くらいだったと思いますが、夜になって戻《もど》ってきました。スタッフを夜に総合本部に呼び出して、「張飛役を勝ち取ってきました!」というようなことを言って、興奮しながらホワイトボードに劇団のキャスティングを書き出していきました。

そのとき、大喜びしているのは宏洋さんだけで、私たちは何とも言えない気持ちで「チーン」という感じでしたね。「誰《だれ》も喜んでいない。喜んでいるのは、あなただけ」という感じだったんです。

ちなみに稽古を見に行ったとき、橘さんが演じる趙雲《ちょううん》が張飛を鞭《むち》で調教するような場面をちょうどやっていました。宏洋さん演じる張飛が四つん這《ば》いになって、橘さん演じる趙雲が鞭でお尻《しり》を叩くような、SMプレイを思わせるような脚本・演出をしていました。

もうこれは宏洋さんの願望ですよね。下品な下ネタは、稽古段階では、実際に上演された劇より、もっとたくさんあったんです。稽古のときに外部キャストの方が「こんな下品な演出はやめてくれ」と言ってくださって、幾《いく》つかカットになってみんなホッとしました。

●「社長を降りていただきたい」と本人に伝える

嶋村美江　宏洋さんは、その劇の本番の直前に、橘さんと付き合い始めたんです。千眼さんの出家報道もマックスの時期で、とても忙《いそが》しく慌《あわ》ただしい時期でした。おそらく劇団のプレッシャーもあっただろうし、竹内さんをはじめ多くのスタッフが千眼さんの対応に入ってしまっていて頼《たよ》れる人があまりいなかったので、誰かに頼りたいという気持ちがあったのではないかと思います。そもそも基本的に宏洋さんは、好きな女性がいないと生きていけないタイプです。ただ、「新規所属したばかり、二十歳《はたち》になったばかりのタレントにこのタイミングで手を出すのか……」という何とも言えない残念な気持ちがありました。

ＮＳＰ内では、下品な演出も気になるところでしたが、さらにタレントと社長の恋愛《れんあい》問題を抱《かか》えたまま舞台の本番を迎《むか》えていいのだろうか、信者のみなさまにあまりにも失礼じゃないかという意見が出ました。ＮＳＰ内で話し合いをした結果、「ＮＳＰとして何らかの判断と行動を取らなければいけないのではないか」「このまま本番に突《つ》っ込むんだったら、私たちは社長を承認できない」という話になりました。

劇の本番の数日前だったかと思いますが、私は橘さんの担当マネージャーもしていましたので、「事務所の社長とお付き合いするのはやめたほうがいい。せっかく事務所に所属したばかりだし、あなたにはとても可能性を感じるから営業も頑張《がんば》りたいと思っている。女優業を頑張っていこうよ」という話をしました。

それに対して、橘さんは女優業を取りたいと一度は決意したものの、その後の宏洋さんからの強烈《きょうれつ》なアプローチでまた付き合い始めてしまったのですが、そのときも「今の宏洋さんは私がいないと生きていけないと思うんです」と話していましたね。

結局、舞台の公開直前に、ＮＳＰのほうから、宏洋さんに「社長を降りていただきたい」と伝えることになり、それを聞いた宏洋さん本人は、「じゃあ、社長でなかったら、橘さんと付き合えるんですか」という〝謎《なぞ》の論理〟になっていました。

ただ、総裁先生は、宏洋さんのことを本当に最後までフォローされて、仲裁《ちゅうさい》に入られたんですね。

このときの大川総裁の仲裁について、咲也加氏は次のように語っている。

周りの方々が、「これ以上、宏洋さんをかばうのは無駄《むだ》です」と言われても、総裁先生だけはかばわれたということもあります。

兄がニュースター・プロダクションの社長を解任されそうになったときもそうでした。兄のパワハラとセクハラで、社員の方がすごく怒ってしまって「宏洋社長を解任したい」と言っていたのですが、総裁先生が、「もう一度だけチャンスを与《あた》えてくれないか。

劇のプレッシャーでおかしくなっている可能性もあるから、劇が終わるまで見てくれないか」とお願いされて、兄は首がつながったんです。

（二〇一九年七月十二日インタビュー）

●所属タレントの家に押《お》しかけ、待ち伏《ぶ》せ

松田三喜男 宏洋氏が所属タレントに手を出した件が起きたときは、私もちょうどいましたね。この話を私が聞いたのが、劇団の上演が始まる、本当に直前のタイミングなんですよ。

それまで、みんな一生懸命《いっしょうけんめい》に、作品を通じて少しでも真理を伝えようということで、練習に練習を積んでいたんですね。それで、いざ始まるというときに、この事件が発覚したわけです。三月二十二日のことです。三月二十三日に関係者向けゲネプロ、三月二十四日に特別上演会。三月二十五日から一般《いっぱん》上演開始という、そういうタイミングだったんですよね。

私が、その所属タレントと宏洋氏との関係の話を聞いたのは、ゲネプロの当日か前日ぐらいです。それで、宏洋氏からメールが次々と送られてきました。

当時、映画「君のまなざし」の公開が五月に控えていまして、「上映が終わったら、ニュースター・プロダクションの社長を辞任します」「辞任したら、地方精舎《しょうじゃ》で修行《しゅぎょう》に専念すること

を希望します」とか、「二〇一六年一月以降の僧職給《そうしょくきゅう》（給与《きゅうよ》）は全部、返納します」「返納したら、それは芸能系の植福《しょくふく》として使ってください」とか、「『君のまなざし』のプロモーション活動はやりますが、それ以外の仕事は全部降板します」という感じで、次々と送ってきたんです。

ちょうど、「付き合う、付き合わない」で揉《も》めていたときで、「別れる」ということで、いったん合意したようなタイミングだと思いますが、そういうことをメールで言ってきて、「処遇《しょぐう》については役員の協議の決定に従います」ということで来たんですよね。

それで、その三月二十二日か二十三日のあたりで、関係者がＨＳＵ（ハッピー・サイエンス・ユニバーシティ）の東陽町《とうようちょう》キャンパスに集まって会議したことを覚えています。ちょうど劇団の練習を東陽町でやっていたので、そちらを見ながら、隙間《すきま》時間で会議して、どうするかを話していたと思います。

そのときは、「宏洋氏には社長は継続《けいぞく》していただき、所属タレントとは別れる」という結論であったと思うんです。それで、いったん決定して、そのあと舞台上演が始まっていくわけなんですけれども、途中、舞台にお休みの日がありまして、そのときに、宏洋氏がその所属タレントのお宅に押《お》しかけていって、外で待ち伏《ぶ》せを行ったということがありました。

こちらのマネージャーのほうにも、「どうしましょうか」とタレントからの連絡《れんらく》があったたんですけれども、宏洋氏もずっと粘って、本当に何時間も居座《いすわ》りそうだということがあり、タレントのほうも、さすがに何か話さないといけないような感じになって、宏洋氏と話をしたら、今度は宏洋氏のほうに取り込まれてしまって、最後は、「付き合う」とか、「結婚する」とかいう話になったと思いますね。

三月二十三日に交際関係を解消して、社長継続というかたちで関係者の間でも決定していたにもかかわらず、それを引っ繰り返してきて、休日の三月三十日か三十一日というタイミングで、また交際を迫《せま》って取り込んでしまったという感じですね。

●甚《はなは》だしい公私混同ぶり

松田三喜男　そのあと、もう一度、関係者で打ち合わせをしたと思います。「個人的な恋愛感情によって、ニュースター・プロダクションとして決定したことを勝手に翻《ひるがえ》していくということは、筋《すじ》が通った判断ではない」ということもありました。

劇の最中で、さらにこれから映画も始まるという、大事なプロモーションの時期に、個人の交際やら結婚やらで、掻《か》き乱して迷惑《めいわく》をかけている。これは不祥事《ふしょうじ》であり、宏洋にも厳重注意する、さらには社長解任を求めるまで至ったと思います。

ただ、舞台のあと、総裁先生の仲裁もあり、いったん和解といいますか、交際の解消を迫るでもなく、そのまま、仕事は仕事として進めていくという方向で、話がついていったと思います。

そして、その後、「そのタレントとディズニーランドに行くので、この日は仕事を入れないでくれ」とか、「デートがあるので、仕事に行かない」ということが始まっていくわけなんです。

●女性タレントにストーカーまがいの迷惑行為《めいわくこうい》

阿部一之　宏洋氏は社長時代、週一回ぐらいしか出てこなかった状況ではあったんですけど、特に、あるときから、「この曜日には仕事を入れないでくれ」という注文が来るようになったんです。それは、宏洋氏が付き合っていた彼女（タレント）の大学の授業がない曜日だったんです。それで、デート日にしていたということが、あとで分かったんです。

宏洋氏のインスタグラムに遊んでいる写真がアップされるんですけど、それが、その「仕事を入れないでくれ」と言っていた日だったりして（苦笑）、そういうときに、誰かと遊んでいる写真がアップされているわけです。しかも、けっこう遠方に行っていたりして、そこは完全に公私混同がありました。

また、その彼女と別れたあと、彼女に対してストーカー行為《こうい》に近いようなことをしていたこともあります。彼女の実家の前まで来て、そこから彼女に電話をかけて、「会ってくれるまで帰らないから」と粘るんです。彼女とご両親も困って、「どうしたらいいですか」と私に直接電話をかけてこられたこともあります。

とにかく理由をつけて、「会えない」と言ってもらって、そのときは、宏洋氏が諦《あきら》めて帰っていったんですね。

別れたあとでも、そういうかたちでストーカーに近い行為をしていましたね。そういうことは、前にもあったみたいで、特にご両親には心配をおかけしてしまいました。夜の十二時過ぎだったと思います。下手《へた》をすれば、警察沙汰《ざた》になるところでした。

実際に被害《ひがい》に遭《あ》ったタレント・橘百花氏にも話を聞くことができた。

●十時間つかまって、交際を迫《せま》られて

橘百花　最初、一瞬《いっしゅん》だけお付き合いしたときがあったのですが、そのときに、「社長とタレント」という関係性だったので別れたほうがいいというお話になって、それで、「どちらかを選

べ」と本人に言われたんです。私は、「役者としてやっていくことを選びたいのでお別れします」という話をしてお別れをしたんですけど、そのあと、舞台の最中に一日だけお休みの日があって、その日に、彼がどうしても会ってほしいみたいなことを、その前日に言ってきたんです。

私はお断りしたんですけど、当日の昼の十二時ぐらいに、「家の下にいる」とLINE《ライン》が来ていて。で、「出てきてくれないと、ずっとそこから動かない」という感じだったので、マネージャーさんに連絡してから、外でちょっと話をしたんです。

そのあとは、けっこう長時間、車のなかでしゃべったりして、本当に十時間ぐらい拘束《こうそく》されました。

「タレントを辞《や》めてほしい。俺なら出家させられる」「あなたには、そういう使命がある」と言われました。「だから、俺と一緒になろう」「とりあえず付き合おう」という感じでした。

今、考えると、「私の気持ちは何も考えてくれていなかったな」っていうのが、いちばん大きいですね。私は一タレントだから、社長から言われたことって「重い」んです。社長の、「おまえは使命があるから」という言葉ってすごく重くて。だから、ずっと葛藤が大きかったです。自分は正しいのだろうか、彼が本当に合っているのだろうか、という感じがずっとありました。

マネージャーさんたちは、「お付き合いは絶対にしないほうがいいと思う」って言ってくださっていたんですよ。でも、それが、どんどん揺《ゆ》らいでくるというか、ずっと揺さぶられて、結局、十時間後に折れたみたいな感じですかね。

●「俺《おれ》がいなかったら、おまえはNSPにいられない」と圧力

橘百花 付き合っているときは、「おまえは、職員さんたち全員から嫌《きら》われてる。俺《おれ》だけがおまえを推《お》そうとしてるんだよ」「おまえは、俺がいなかったらNSPにはいられないんだよ」と、喧嘩《けんか》するたびに言われてましたね。

社長という、自分の立場を利用して言ってくるみたいなのは、けっこう多かったですね。洗脳していくみたいなところは、確実にあったと思います。

●「嫉妬《しっと》と思い込《こ》みがすごかった」

橘百花 それと嫉妬心《しっとしん》がすごく強かったですね。同じ事務所の男性タレントと話しているだけで、カーッとなって言ってきましたから。

また、私は何もしていないのに、「浮気《うわき》しただろう」と言われたり。とにかく自分のなかで考えたことが事実になる。もう思い込《こ》みが本当に激しいんだなあって思いますね。怒ると鬼《おに》の様相というか、震《ふる》えるぐらい怖さを感じました。悪魔がいるからなのかもしれないっていうぐらいの圧は、ありましたね。

●「お父さんに認められたい駄々《だだ》っ子に見える」

橘百花　あと、私には教学をしっかりするように言ってくるのに、自分は、「俺は全部頭のなかに入っているからいいんだ」って、ずっと言ってましたね。

ちょうど、『パパの男学入門』の経典《きょうてん》が出たときに、「あっ、これ絶対、彼に向けて出てるやつだなあ」と思って、「これ読んだほうがいいよ」と言って置いてても、「いや……。俺は別にいいんだよ、全部分かってんだから」「俺は読む必要ないんだ」みたいな感じでしたね、ずっと。

本当に子供でしたね。自分がやりたいことを認めてもらえなくて、駄々《だだ》をこねてる子供みたいな感じ。お父さんに認めてほしくてやってるのに、お父さんが認めてくれないから、YouTube《ユーチューブ》とかをやってるっていう。ただの駄々っ子っていうか。もうちょっと大人になってほしいですね。

宏洋氏がそうした問題を起こすなか、二〇一七年五月十八日、ニュースター・プロダクションとは別に、新たにアリ・プロダクションが設立され、千眼美子らが所属することとなる。

●アリ・プロダクションに対する激しいライバル意識

阿部一之 宏洋氏はアリプロ（アリ・プロダクション）に対して、ものすごく敵対心がありました。プロダクションが分かれたとき、宏洋氏はこう言っていました。

「ニュースター・プロダクションは民放で、アリプロはＮＨＫなんだ。アリプロのほうは、幸福の科学の硬派《こうは》な、教義に乗っ取ったものをつくるほうで、ニュースター・プロダクションはエンターテインメント性を持った、バラエティなんかもやっていくような事務所なんだ」と。

そうやって勝手に色分けをして、タレントと職員にも発信していました。

社長がなぜそこまで言うのか、タレントたちは分からなかったと思います。「社長が言っているんだから、それは総裁先生の意向を受けて言ってるんだろう」と思っていたと思います。

また、アリプロに対して意見があったり、自分のやりたいことが妨《さまた》げられるようなときは、繰り返し電話が来ました。

例えば、ニュースター・プロダクションとアリプロが分かれた当初、きょうだい事務所でもあるので、ニュースター・プロダクションのタレント用衣装《いしょう》をアリプロのほうに貸したりもしていたんです。ところが、そのことを後日、宏洋氏が発見して、「ニュースター・プロダクションの衣装を、アリプロのタレントが着るのはおかしい。アリプロには一切衣装を貸すな」と言いました。

それ以来、アリプロは、ニュースター・プロダクションの衣装を使えなくなってしまったということがありました。

7 映画「さらば青春、されど青春。」

二〇一七年八月二日、映画「さらば青春、されど青春。」がクランクインする。主役を演じた宏洋氏だが、撮影《さつえい》時にはさまざまなトラブルが生じた。その最たるものが、外部の舞台《ぶたい》とのダブルブッキングである。外部の舞台の日程を優先させ、映画の撮影を中断。映画撮影スタッフの仕事を止めることとなり、その補塡《ほてん》分として、およそ五千万円の損害をもたらした。

●主演映画を取るか、脇役《わきやく》の舞台《ぶたい》を取るかで衝突《しょうとつ》

阿部一之 あのとき、「映画の撮影を優先してやってください」と宏洋氏に言っていたのは、三觜さんと私だったと思います。

三觜さんは映画の担当として宏洋氏に言っていましたし、私は秘書の立場として、やはり「映画の撮影スケジュールを優先すべきではないか」と宏洋氏に言ったんですけれども、宏洋氏はそれに対してものすごく怒《おこ》ってきました。

舞台劇《ぶたい》のほうは小規模なものだったんですけれど、宏洋氏は、「規模の大小じゃないんだ。自分はどうしても舞台をやりたい」と言っていました。『さらば青春、されど青春。』は自分の脚本《きゃくほん》が却下《きゃっか》されている。主演としては出るけれども」と、ものすごい怒り方でした。

当時、宏洋氏はニュースター・プロダクションの社長という立場でしたけれども、「一俳優・大川宏洋」「舞台俳優・大川宏洋」「脚本家・大川宏洋」という立場を、最優先事項《じこう》として仕事をしていたというような状況《じょうきょう》でしょうか。

●主役にもかかわらず、まったくやる気が感じられなかった

三觜智大　「さらば青春、されど青春。」の主演をやるというのは、そんなに乗り気じゃなかったと思います。本人としては、しぶしぶ、「周りにやってくれって頼《たの》まれたから、しかたなくやってる」みたいなスタンスでしたね。自分の脚本が採用されなかったからだと思うんですけど、「でも、仕事なんでやりますけど」みたいな感じでした。

宏洋氏は、脚本を却下されることが増えていったが、それは、宗教性よりもエンターテインメント性を重視し、さらには、宗教とは真逆の〝エログロ路線〟に走る傾向《けいこう》が顕著《けんちょ》であったからだ。

●グロテスクな作風のものばかりを好んだ

阿部一之　宏洋氏の書く脚本は、だんだんグロテスクな方向に流れていきました。映画「僕《ぼく》の彼女は魔法使《まほう》い」（製作総指揮・大川隆法、二〇一九年公開）の脚本も、最初は、そこまでひどくなかったものが、だんだんグロテスクになっていきましたね。

「僕の彼女は魔法使い」のシナリオは、途中《とちゅう》からコンペみたいなかたちになって、宏洋氏も参加したんですが、宏洋氏の書く「僕の彼女は魔法使い」には、黒魔術系のキャラクターがどんどん出てくるんですよね。しかも、その描写《びょうしゃ》がすごくグロテスクで、残虐《ざんぎゃく》性が乗っかってくるんです。

みんなが、「ちょっと残虐すぎるんじゃないか」とか、「表現が行きすぎてるんじゃないか」ってアドバイスするんですけれど、本人はとにかく、「エンタメとして見て、面白《おもしろ》いのか、面白くないのか」という判断なんですね。そこに、すごくこだわっていました。

そして、盛り込《こ》むべき真理の部分に関しては付け焼き刃で、「こういう要素が、これくらい入ってればいいだろう」という感じです。

基本的には、宏洋氏が観《み》てきたテレビアニメやマンガ、ゲーム、その世界のなかの価値観を盛り込んでいるものなんです。そうした知識のなかから、つくり上げているようなかたちのものですね。傍目《はため》に見ていても、勉強はしていないんだなっていうのは、はっきり分かりました。

それでも、私が来た二〇一七年の初めは、まだ違《ちが》いました。総裁先生の御法話《ごほうわ》でメディアとか芸能にかかわるものに関しては、連絡《れんらく》したら、「ああ、行かなきゃいけないですね」と言って収録に参加していることもあったんですけど、そのあと、宏洋氏が書いた脚本が何回か却下されるなかで、収録にもまったく来なくなり、収録された御法話も聴《き》かないという状態でした。総裁先生の書籍《しょせき》も読んでいなかったのではないかと思いますね。

そのあと、千眼美子さんが来て、アリプロができたあたりからは、もう完全に、収録にも参加しなくなりました。昔はもうちょっと本を読んでいたのかもしれないですけど、私が見ているかぎりは、勉強している形跡《けいせき》はほとんどなかったですね。

●とにかくデモーニッシュ（悪魔的《あくまてき》）なことをやりたがる

鶴丹谷明　私がメディア文化事業局に戻《もど》ってきたのは、アリプロができたころで、二〇一七年の五月か六月ぐらいだったと思います。

宏洋氏は、その前に、「さらば青春、されど青春。」のシノプシスを書いて駄目《だめ》になって、そのあと立て続けに、映画「世界から希望が消えたなら。」も駄目で、「僕の彼女は魔法使い」も駄目で。

宏洋氏は、やりたいことが、とにかくデモーニッシュなんですよ。悪魔的《あくま》なんです。書くもの書くもの、全部、悪霊波動《あくれいはどう》のものを出してくるんで、僕たちは「これじゃ通らないですよ」と言うんだけど、本人がそれをやりたいから修正もしない。

一回、「僕の彼女は魔法使い」のときに、別のチームが書いた脚本に対して、総裁先生から「宏洋はどう思う?」と訊《き》かれて、駄目なところを全部指摘《してき》したんですよね。そういう、人への批判はものすごい鋭《するど》いんです。だけど、「じゃあ、宏洋が書いてみるように」と言われて自分が書き始めたら、とんでもないものができるわけですよね。

そのあたり、やっぱり、基本的に批判癖があるんだけど、自分でゼロからつくれるかっていうと、全然つくれないっていうところなんですよね。だけど、自分はできると思ってる。

宏洋氏が好きなのは、笑いながら人を殺すみたいなものとかで、ベースはそこしかないんですよ。脚本も、全部そこからアイデアを持ってきているようなものばかりで、広がりがないんですよね。

だから、総裁先生が、「こういうテーマで映画をつくろう」と企画《きかく》されても、宏洋氏がやりたいことを無理やり押《お》しつけてくる感じなので、そもそも趣旨《しゅし》が変わってきちゃうんですよね。それで、当然NGが出るんですよ。

宏洋氏自身のなかに「こういうものだ」という、地獄《じごく》的なものがあるので、たぶん何をつくっても、幸福の科学の映画にはならないでしょうね。

●宏洋氏の書く脚本《きゃくほん》の傾向性《けいこうせい》

三觜智大　確か、舞台の「俺《おれ》と劉備《りゅうび》様と関羽《かんう》兄貴と」も、その直前に、「真田十勇士《さなだじゅうゆうし》」か「ワンピース歌舞伎《かぶき》」かを観て、「こういうのをやりたい」と言って、やり始めた感じでしたね。下品なコメディー系にはまったり、いちおう、本人のなかでもブームがありますね。「さらば青春、されど青春。」の脚本《きゃくほん》案も、何か、女性に回し蹴《げ》りをされて、パンチラがあって、鼻血を出すみたいな内容が入っていましたね。

宏洋氏の書く脚本の傾向性《けいこう》については、咲也加《さやか》氏も次のように語っている。

アニメの「永遠の法」（製作総指揮・大川隆法、二〇〇六年公開）のようなものは、「完璧《かんぺき》な男女が出てきて全然面白くない」「何も感情移入できないし、映画として成り立っていない」ということはずっと言っていました。

だからと言って、自分の心の闇《やみ》をどんどん作品に入れ込んで、「父親が悪人で、息子《むすこ》が救世主で」という物語ばかりなのもどうかとは思います。

「君のまなざし」も、父親にひどい修行《しゅぎょう》をさせられて、恨《うら》みのなかで死んで、最後、父親に謝らせるという話になっていましたし、「ファイナル・ジャッジメント」も、兄の脚本では、主人公の父親が左翼《さよく》政党の党首で、死んだあとに地獄に行っているという話で、父殺しであるとか親子の葛藤《かっとう》の物語だったのです。

主人公は父親にひどい仕打ちを受け、才能があるのに虐《しいた》げられていたけれども、彼女から、「あなたはゴミじゃないよ」と言われて救世主の悟りを得るというような話だったので、「これは幸福の科学の映画としては出せない」となり、松本弘司さんが脚本を書き直したという経緯《けいい》があります。

「ファイナル・ジャッジメント」は、原案が総裁先生の著書の『常勝思考』（幸福の科学出版刊）だったのですが、『常勝思考』の要素は欠片《かけら》も残っておらず、『常勝思考』というタイトルではかけられないとなりました。最終的に、「ファイナル・ジャッジメント」なら、ギリギリかけられるかということで、タイトルが決まったものです。

「あなたはゴミじゃない」というセリフは、兄が自分の彼女に言われた話を投影《とうえい》しているものだと思います。「宏洋君はゴミじゃないよ」と言われて、すごくうれしかったという話を兄から聞いたことがあります。

また、「世界から希望が消えたなら。」の脚本は、当初、兄が書いたシナリオが総裁先生の認可を得られず、職員内で公募となり、結果的に公募でも該当者《がいとうしゃ》なしということで、私が脚本を担当させていただきました。兄のシナリオでは、作家の主人公が余命宣告を受け、死にたくないと泣きわめいているうちに、今度は妻が余命幾《いく》ばくかの病気になり、主人公は妻のおかげで生きてこられた、妻が自分の救世主だった、ということを悟《さと》り、仕事も中途半端《ちゅうとはんぱ》に終わる、という謎《なぞ》なストーリーでした。病気への心構えも描かれず、当時の自分と彼女の関係や実母との葛藤が反映されていました。

（二〇一九年七月十六日インタビュー）

宏洋氏は、そのような、幸福の科学の価値観にはそぐわない作風を好んだが、財政面では教団を当てにしていたという。

●自分勝手を言い続け、経営陣《じん》とぶつかった

阿部一之　とにかく、「自分の好きなことをやりたいんだけれども、教団にお金を握《にぎ》られているから、好きなことができないんだ」と言っていました。「まだニュースター・プロダクショ

ンに十分な資金力がないので、自分の好きなことができないんだ」と。だから、資金的に自立しなきゃいけないという考え方を持っていましたね。

「お金さえあれば、自分たちの好きなことができるんだ」というふうなことはしきりに言っていて、自分の脚本を外部の人に買ってもらえないかとか、そういうことをいろいろと画策はしていました。

それで実際に自分のマネージャーを使って、テレビ局に売り込みをかけていこうとしていました。ただ、完全な持ち出し企画でした。要は、ニュースター・プロダクションから数千万円を払《はら》って、宏洋氏の脚本をもとに番組をつくるような話ばかりだったんです。そのために、ニュースター・プロダクションの経営陣《じん》とぶつかっていて、経営陣のほうは、「それは完全な持ち出し企画なのでできない」というスタンスでした。

宏洋氏が売り込んでいた脚本は、多少、霊的価値観などは入ってはいるんですけれども、それが、どうしても残虐《ざんぎゃく》性のあるグロテスクなものになっていったり、エロティシズムのほうに走っていったりとかで、幸福の科学のキャパシティーのなかでは、受け入れられない脚本でした。

8　総裁を公然と批判

宏洋氏は、父親であり、ニュースター・プロダクション会長でもある大川隆法総裁を、公然と批判してはばからなかったという証言も複数上がっている。

●自分を認めない総裁の批判を続ける

愛染美星　宏洋さんが言っていたのは、総裁先生は「センスが悪い」とか、「人を見る目がない」とか、「脚本《きゃくほん》も、売れない脚本ばっかり言ってくる」「自分が脚本を書いたけど、全然認めてくれない」というようなことです。「総裁先生は、芸能のあり方そのものを変えようとされているので、今はその一歩なんですよ」と言っても、宏洋さんは全然聞かなかったです。

●あくまでも「総裁から〝泣きつかれた〟」と主張

嶋村美江　ＮＳＰのタレントが出演していたテレビドラマの撮影《さつえい》が終わったあと、宏洋さんが「打ち上げに行きたい」と言うから行ったんです。そのときも、ずーっと総裁先生の悪口を言っていました。タレントにも言うんです。社長として、それだけは言ってはいけないだろうと思うんですけれど。「あの人（総裁先生）がいるかぎりは、幸福の科学は駄目《だめ》ですよ」と言うので、「それは逆じゃないか」と思いましたね。

そして、「でも、総裁先生から泣きつかれたんで、やってますけど」みたいな、いつも必ず〝泣きつかれた〟スタンスなんですけど、こちらもさすがに、それで心が揺《ゆ》れるということはなかったですね。「あなたのほうが、やばいでしょう」という感じでした。

●所属タレントにも総裁の悪口を吹き込《こ》んでいた

駒沢さゆり　宏洋さんは、タレントを食事に連れていってくださったみたいなんですけど、よく総裁先生の悪口をタレントたちに言っていたようでした。私も食事に行くと、総裁先生の悪口を聞かされていました。どちらかというと、きょう子さんの悪口が多かったですが。

タレントたちも、「何を言っているんだろう」と思って初めは流していたそうですが、何度も聞かされ、そうとう信仰心《しんこうしん》を傷つけられたと思います。宏洋さんは社長という立場だったので、多くの人の心を傷つけたことに対する責任は大きいのではないでしょうか。

タレントたちはその後、総裁先生や咲也加《さやか》副理事長がしてくださったインタビュー（前掲《ぜんけい》

『直撃《ちょくげき》インタビュー　大川隆法総裁、宏洋問題に答える』）を拝聴《はいちょう》し、「宏洋さんが言っていたことは嘘《うそ》だったんだ」と分かったと笑顔で言っていました。

ニュースター・プロダクションの社長でありながら、宏洋氏は自社のタレントや女優たちにセクハラやパワハラを繰《く》り返していた。ＮＳＰの女優、長谷川奈央《はせがわなお》氏に体験を語ってもらった。

●宏洋氏は下ネタやＳＭの話が好き

長谷川奈央　飲み会の席になると、宏洋さんは必ず下ネタの話をしていましたね。宏洋さんは後輩《こうはい》とかがいる前でも普通《ふつう》に下ネタの話をしている感じでしたね。

「三国志」の劇（「俺《おれ》と劉備《りゅうび》様と関羽《かんう》兄貴と」）のときは、飲み会に行く回数もけっこう多かったし、そのときは、「ＳかＭか」みたいな話が、宏洋さんはすごく好きでしたね。

「僕《ぼく》は女性にいじめられたいんだ」「女性に踏《ふ》みにじられたいんだ」「それくらいじゃないと駄目だ」みたいなことを宏洋さんはずっと言っていました。

「奈央さんは、ＳとＭ、どっち?」と訊《き》かれたこともあります。ほかの女性タレントにも「あなたはどっち?」って訊いていましたから、この話題はすごく好きだったんだろうなと思いますね。

●女性タレントのカバン持ちをしていた宏洋氏を一喝《いっかつ》

長谷川奈央　あれは劇団の稽古《けいこ》帰りのときだったと思います。タレントたちと外に出たら、宏洋さんがタレントの橘百花《たちばなももか》さんのカバン持ちをしていたんですね。社長が所属タレントのカバン持ちをやっているなんて、ありえないじゃないですか。ほかのタレントたちもいるなかですから、社長の立ち位置がずれていて、明らかにおかしいと思ったので、「それはおかしいですよ!」と宏洋さんに言ったのを覚えています。宏洋さんは周りのタレントたちの目も気にしないでいて、本当に公私混同していると思いました。

●「総裁先生の悪口を言うのだけは絶対許せない」

長谷川奈央　本当にいちばんよくないと思うのは、許せないところは、総裁先生の悪口をタレントに言うということです。それから、宏洋さんが幸福の科学から離《はな》れてYouTube《ユーチューブ》動画とかで総裁先生の悪口を言い始めました。今まで、社長としてタレントたちのことを、「何があっても俺が何とかする」というぐらいの思いでいてくれていたと思っていただけに、逆のことをし始めたようで、いちばん許せなかったですね。

●「私たちの志《こころざし》を裏切ったことは許せない！」

長谷川奈央　私は本当に「仲間として宏洋さんと一緒《いっしょ》に頑張《がんば》っていこう」という強い思いでやってきただけに、余計に裏切られた感じがとてもありましたね。宏洋さん本人は総裁先生の悪口を言いたいのかもしれないけれど、私たちに対しても、それはものすごい裏切り行為《こうい》をしているなと思います。それについては、許せない気持ちがあります。もう最低です。

9　宏洋氏の仕事能力・演技力

宏洋氏の基本的な仕事能力や、タレント、役者としての才能についても証言を得た。

●気に入らないことがあると、機嫌《きげん》を損《そこ》ねて暴《あば》れる

松田三喜男　基本的には自分の考えを押《お》しつけていって、周りの意見を聞かないです。周りも

最初は、育成・教育という視点もあって、多少、彼の言うことも聞いてあげて、何とか実現できるような方向に動いていたとは思うんですけれども、途中《とちゅう》から、彼の欲望が度が過ぎてきて、誰《だれ》もついていけるような状況《じょうきょう》ではなくなっていったという感じですね。

結局、所属タレントとの交際の件もそうです。「判断を任せる」と言っておいて、一日で自分の考えを翻《ひるがえ》して、「交際」から、今度は「結婚《けっこん》」だと突《つ》っ走っていく。

自分の発言や指示によって、何がどう動いているか、どういう仕事が発生しているか、どんな苦労が発生するのか、それを受け取った人がどういうふうに感じているのかというあたりが、たぶん分からないんだと思いますね。

大きいビジョンを打ち上げたこともありましたけれども、そのあと、実際にその仕事をどう詰《つ》めていくかとか、そのビジョンを実現していくために、どういうかたちで人をモチベートしていくかとか、そのときに必要な経営資源は何で、どう組み立てていくかっていうあたりはできないので、言う一方となる。それで、自分の気に入らない方向に行くと、機嫌《きげん》を損《そこ》ねて暴《あば》れるという感じでしょうかね。

●演技は、泣くか叫《さけ》ぶかのワンパターン

駒沢さゆり　「すぐに出来上がってしまう」というところは、普段《ふだん》からもありました。演技レッスンも、タレントに交じってやるのが好きで、一緒《いっしょ》にプロの講師から教えてもらっていました。それが、ある日、タレントを呼び出して、自分が講師として演技指導をしていたんです（苦笑）。

そのあと、通常のレッスンで、プロの講師が来てやると、プロの講師が「あれ？」となって。「誰《だれ》だ、こんなことを教えたのは！」となったことがありました。プロの講師が、「頼《たの》むから、やめてくれ」と、すごく困っていたのは覚えています。

宏洋さんって、舞台《ぶたい》調の分かりやすい演技しかできないんです。それをみんなに教えてしまい、指導の先生を困らせていました。

宏洋さんの演技は大げさなんです。叫《さけ》ぶか、泣くか、たぶんワンパターンしかできない。体が硬《かた》くて可動域も狭《せま》いので、ちょっと動かすだけで不自然な動きになり、癖《くせ》が強いんです。

また、宏洋氏は自分の脚本《きゃくほん》に修正が入りそうになると、とたんに投げ出す傾向《けいこう》があったが、それについて咲也加《さやか》氏は次のように語る。

映画「ファイナル・ジャッジメント」のとき、PRの一環《いっかん》で、「ファイナル・ジャッジメントの目指すもの」という演題で兄の講話が予定されていたのですが、「人の手が入った作品は、自分の作品じゃない」と前日にキャンセルしてきたために、なぜか何も知らない弟の真輝《まさき》が、「ファイナル・ジャッジメントの秘密に迫《せま》る」という題で講話することになりました。そうした意味で、きょうだいも被害《ひがい》は受けています。

そうしたとき、社会人としてはありえないのですが、兄は途中《とちゅう》で仕事を投げ出して音信不通になるのです。これは学生時代からで、学生時代のバイトも、行きたくないとなったら、連絡《れんらく》せずに突然《とつぜん》行かなくなることがありました。

兄は、「バイトを経験したい」と言って、高三ぐらいのときにファミリーレストランのバイトを始めたのですが、一週間ぐらいで行かなくなりました。理由は、「なんで自分が皿を洗わなきゃいけないのか分からない」などということでした。

しかも、その辞《や》め方がひどく、一度、お店に電話で「父が危篤《きとく》なんで辞めます。じゃ」というような内容の嘘《うそ》を言い放ち、向こうの返答も聞かずに通話を切り、その後は「辞めます」という正式な手続きはせずに自然消滅《しょうめつ》を狙《ねら》うというものでした。当然、お店から兄のケータイに電話がかかってくるのですが、「うわっ、店から電話かかってきた」「無理、無理、うっぜー」などと言って、その電話を切っていたのです。一度、嫌《きら》いになったら、もう連絡することすらも嫌《いや》で、「行かなくなって終わり」ということです。すべてにおいて、そういう態度でしたね。

お付き合いしている彼女に対してもそうです。好きになると、どんどん自分から行くのに、嫌いになったらとことん嫌いで、いったん「こいつは嫌い」というレッテルを貼《は》ると、「もう連絡を取るのさえ嫌だ」となって、「あと、やっといてください」「別れると伝えといてください」というように、ほかの人に別れ話を伝えさせていました。

離婚《りこん》のときも、「奥《おく》さんと話したくない」「奥さんと話すと頭が痛くなる。あいつは霊障《れいしょう》だ」というよく分からない理由で、「自分は話せないから、教団の人が行ってください」という感じで、離婚の協議も全部、教団のほうにやらせていたということがあります。

（二〇一九年七月十六日インタビュー）

10　休職、そして破門《はもん》（懲戒免職《ちょうかいめんしょく》）へ

ニュースター・プロダクション代表取締役《とりしまりやく》社長解任の経緯《けいい》・公式声明

二〇一七年十一月、映画「さらば青春、されど青春。」のクランクアップ後、宏洋氏は千《せん》眼美子《げんよしこ》と共に、総裁に感想等を報告するために呼ばれた。その後、宏洋氏はニュースター・プロダクションとの契約《けいやく》解除と、還俗《げんぞく》希望を申し入れてきたという。

その転機となった報告会について、大川咲也加《さやか》氏が経緯《けいい》を詳細《しょうさい》に説明しているので、ここで紹介《しょうかい》する。

映画「さらば青春、されど青春。」のクランクアップ後、総裁先生は、「主演とヒロインという関係で意見を訊《き》きたい」ということで、お二人を大悟館《たいごかん》のほうにお呼びになりました。

そのとき、宏洋さんは、すでに、「自分が（千眼さんとの結婚《けっこん》を自分に勧《すす》める）霊言《れいげん》

をした」という事実を忘れており、あろうことか、千眼さんの前で、「(自分と千眼さんの)結婚の話は彼女にしなくていいんですか。今日は、そういう話で呼んだんですよね。僕《ぼく》は、そんなつもりは一切《いっさい》ありませんから」などといった暴言を吐《は》きました。

もっとも、千眼さんは大人の対応をされて、柔《やわ》らかく、ニコニコ受け流してくださっていたのですが、その発言は、彼女に対して非常に失礼だったなと、こちらから見ていても思いました。

そのため、そういった、突《つ》っかかってくる宏洋さんに対して、総裁先生は、「そんな話を、直接、私からしたことはないでしょう? 千眼さんは、いい子だけれども、あなたには、今、彼女がいるので、そういう話はできないよね」と言われました。

それに対して、千眼さんは、「ああ、よかった」とおっしゃっていました。

それで、そのときの決定的な日にちとして、「二〇一七年十一月十八日」と出ているのですけれども、千眼さんと総裁先生がお話しされているなかで、おおむね、千眼さんは、宏洋さんの演技をとてもほめてくださっていました。

「宏洋さんは、本当に才能があると思います。まだ伸《の》びしろがあるし、主役としても才能があると思います」というように、本当に、妹としても申し訳なくなるぐらい、宏洋さんをほめてくださっていたんです。

ただ、一点、総裁先生から、宏洋さん演じる中道真一《ちゅうどうしんいち》と、千眼さん演じる額田美子《ぬかたよしこ》の名古屋港《なごや》での別れのシーンで、真一が泣いてしまったところについては、『監督《かんとく》からは、あそこで泣いてはいけない』と言われていたんだよね」というご指摘《してき》がありました。

なぜなら、『総裁先生なら、愛する人と別れるときには、涙《なみだ》を流したりせずに独《ひと》り立っていくだろうから、泣いたのはよくなかった』と監督が言っていた」という情報を、総裁先生もご存じだったからです。

そのようなわけで、「あの涙はよくなかったよね」というように、千眼さんに言ったところ、千眼さんは、「そうですね。あれは少しやりすぎたかもしれませんね」とおっしゃいました。

それに対して、宏洋さんは逆上して、「あれほど、現場で、『宏洋さんの演技はよかった。あの涙もよかった』と言ってくれていたにもかかわらず、総裁先生の前で僕の演技を批判した」と言って、すごく怒《おこ》り、千眼さんがお帰りになったあとに、「あの女は、クソ女だ。信用できない」と言っていました。ごめんなさい、千眼さん。

宏洋さんには、そのような暴言もあったんです。
また、千眼さんが、「あの涙はやりすぎでしたね」と一言《ひとこと》、言った直後から、「僕の彼女は、すごく素敵《すてき》な人なんだ」と、やたらと、当時の自分の彼女の自慢《じまん》をし始めました。そして、「僕の今の彼女とは、本当に結婚したいと思ってるんだ」という話を、なぜか千眼さんにし始めたんです。
もっとも、千眼さんは優《やさ》しいので、「そうなんですか。よかったですね」というように聞いていました。

『直撃《ちょくげき》インタビュー 大川隆法総裁、宏洋問題に答える』より

二〇一七年十一月二十三日、宏洋氏はニュースター・プロダクション代表取締役《とりしまりやく》社長から解任される。この件について、ニュースター・プロダクション代表取締役社長・大田薫《おおたかおる》氏が公式声明を出している。

弊社《へいしゃ》前代表取締役兼《けん》タレント・大川宏洋氏の代表取締役解任の経緯《けいい》について

弊社前代表取締役兼タレント・大川宏洋氏が、一連の動画配信において誤解を招く発言を一方的に繰《く》り返しており、誠に遺憾《いかん》に思います。これらの品性がなく破廉恥《はれんち》な動画が、弊社の社会的信用を著《いちじる》しく毀損《きそん》するとともに、結果として所属タレントの営業活動に支障をきたしつつあるため、ここに同氏を代表取締役社長から解任せざるをえなかった経緯をお示しします。

二〇一七年三月に弊社タレントとの交際が発覚。社長業並びにプロダクションとしての業務に支障をきたす恐《おそ》れから、取締役会の決議もあり、一旦《いったん》は別れた。しかし復縁《ふくえん》を求め「今日は会えない」と言っているタレントの自宅前まで執拗《しつよう》に押《お》しかける等のストーカーまがいの行為《こうい》も見られたため、取締役会として社長解任を求め、弊社・大川隆法会長に直訴《じきそ》をおこなった。しかし同氏が主役を務める劇団公演が直前であることと映画『君のまなざし』公開が控《ひか》えているとの考慮《こうりょ》から、会長の取り成しにより、宏洋氏が交際している女性との関係を公私混同せず、仕事上の成果を中心として会社運営をしていくことを条件とし社長業を継続《けいぞく》することで和解がなされた。

しかし社長就任当時より社長としての適性を欠く行為があり、また取締役会での和解後も、改善されることなく社長として不適切な言動が露見《ろけん》しました（以下記載《きさい》）。

①勤務実態は週一回程度の出勤で、それ以外の時間をデートやジムでの個人的なトレーニングを行う等、勤勉な勤務姿勢が見られず社員やタレントのモチベーションを著しく下げ、かつ重要な決裁が滞《とどこお》る等、弊社経営に支障をきたしたこと。

②「自分は霊能者《れいのうしゃ》で、女性タレントの生霊《いきりょう》が自分に取り憑《つ》いている」との思い込《こ》みが激しく、その女性タレントを長期間地方に送ったが、間違《まちが》った判断であることがその後判明した。また交際している女性を職員として採用し、弊社の運営を仕切らせたいとの発言がある等、恋愛《れんあい》感情や個人的な好き嫌《きら》いによる人事異動や公私混同した判断が多かったこと。

③二〇一六年十二月の幕張《まくはり》メッセで歌唱能力がないにもかかわらず準備不足のまま、歌唱披露《ひろう》した結果、「宏洋さんのライブはとても辛《つら》かった。これっきりにして頂きたい。」「歌はレベルが低すぎる。恥《は》ずかしくて聞いていられなかった。」等多くのクレームがあり、弊社の評判を下げたこと。

④主演を務めていた映画「さらば青春、されど青春。」の撮影《さつえい》期間中（二〇一七年十月）

にもかかわらず、数十名規模の外部小劇場の役者としての舞台《ぶたい》出演を優先し、その結果、映画の撮影予定を全て組み直さざるをえない状況《じょうきょう》となり、「さらば青春、されど青春。」の制作に数千万円の損失を発生させる等、社長としての経営判断能力の不足が露呈《ろてい》したこと。

⑤映画制作関係者から「役づくりをしていなくてやる気が感じられない。」「演技の悪い癖《くせ》を直そうと何度指摘しても直らない、直そうとしない。」という声が上がっていた。またセリフすらきちんと覚えてこないため、あるシーンでは二十回近くNGを出してスタッフも共演のキャストも呆《あき》れ果てたこともあり、「演技が下手《へた》で、役者の才能がない。」と認定されながらも俳優に固執し続けたため、業務連絡《れんらく》や決裁の滞り等で社長業に支障を来たし仕事能力・マネジメント能力におけるキャパオーバーが見受けられたこと。

上記一連の経緯の通り、社会人としての常識もなく、経営能力と社長としての適正さを欠いていたことは事実であります。したがって動画の中で「自分は何もしていないけど、解任された」旨《むね》発言しておりますが、実状は違っており弊社は二〇一七年十一月二十三日に大川宏洋氏を、代表取締役社長から解任せざるをえませんでした。その後、タレントの専属契約についても十二月三十一日に合意解約しております。

皆様《みなさま》方におかれましては、事情ご賢察《けんさつ》の上、引き続き変わらぬご支援《しえん》、ご指導を賜《たまわ》りたくお願い申し上げます。

ニュースター・プロダクション株式会社 代表取締役社長　大田薫

宏洋氏は還俗を希望したが、このときは、籍《せき》を教団に残したまま、外部での仕事をするために「宏洋企画室」を立ち上げることとなる。

●協力者がなかなか現れない、宏洋企画《きかく》室の立ち上げ

福本光宏　「還俗したい」と言い出したのは、NSPの社長を降ろされたことに、そうとう腹が立っていたからだと思います。社長になった大田薫さんや、松本弘司さんのことは、もう呼び捨てのような感じでしたから。

それで、独自路線の宏洋企画《きかく》室を立ち上げることになるわけだけど、「自分一人ではできない」と。「誰《だれ》か手伝ってくれる人間はいないか」と言って協力者を熱心に誘《さそ》っていたけど、そ

れは、職員にとっては無理ですよね。教団のなかでやっていくならいいですけど、教団と対抗《たいこう》するようなかたちで宏洋氏についていくのは嫌《いや》だということで、それが切れ目になってしまいました。

なんで、あそこまで変になるのかと思うんですけど。大きなきっかけは、社長の解任による挫折《ざせつ》でしょう。それは自分自身の力不足が原因だったわけですけど、ここについては、誰が教えても聞く耳は持たず、駄目《だめ》だったと思います。挫折したことが許せなくて、明確に教団を憎《にく》む心が出てきてしまいました。

●自己資金と言いながらも、結局は教団のお金で運営

三觜智大　宏洋企画室は、NSPからは離《はな》れるけれども、教団には残るみたいな感じでしょうね。

YouTube《ユーチューブ》では、「自己資金で立ち上げました」と言っていましたけど、それは、信者のみなさんから集めたお金だったり、そもそも宏洋氏の僧職給《そうしょくきゅう》（給与《きゅうよ》）は教団から出ていたものですしね。

実際、企画室っぽくなってきたときに、私も「手伝ってほしい」と声をかけられましたけど、

「無理です」と断りました。

宏洋さんは電話で、「細く長くやっていきたい」と言っていました。「だから、手伝ってほしい」と。「二十年は給料をもらって、とりあえず教団で生き延びて、そのころには総裁先生も死ぬので、そしたら、また戻《もど》ってきたい。だから、力を貸してください」というようなことを言われましたが、それは無理ですよね。

●総裁先生が最大の理解者

福本光宏　私が見ていたかぎりでは、総裁先生が最大の理解者だと思います。みんな、宏洋氏を理解できない。品行方正と言えないし、才能があるのかも分からない。

でも、総裁先生が、宏洋氏を見限るようなことを言われたことは聞いたことがありません。大学時代も映画を手伝わせたりして、私も当時、メディア文化事業局にいて、少しだけ接点がありましたけど、先生は何とか宏洋氏のいいところを生かそうとされていたように思います。なので、周りの者も、戸惑《とまど》うことも多くありながらも、何とか支えていこうとしていました。

アニメの「仏陀再誕《ぶっださいたん》」をつくっているときあたりは、楽しかったんじゃないですかね。ただ、次の総裁先生の『常勝思考』（前掲）を映画化した「ファイナル・ジャッジメント」の脚本《きゃくほん》は、途中で投げ出してましたけど。私は、物書きのことはよく分かりませんけど、二十一歳《さい》で、『常勝思考』を脚本化するっていうのは、ちょっと荷が重かったんじゃないですかね。

その点、咲也加《さやか》さんの態度とは違いました。咲也加さんのほうが「やってのける力」を持っていると思います。あの粘《ねば》り抜《ぬ》く力っていうのは、ごきょうだいのなかで、いちばん強いと思います。決心や実行力が決して軽い感じではないんです。コツコツとじっくりやるところ、本当に粘る力がありました。やり遂《と》げる力といいますか、そういう底力があると思います。

対極的に、宏洋さんには、そういうところは全然なかった。だから若いときに、もう少しコツコツ努力して何かを成し遂げていく成功体験を積めていれば違ったのかなと思いますが、無理だったのかもしれませんけどね。「ファイナル・ジャッジメント」のあたりで、一つ映画関係で挫折したのかなという感じはします。

宏洋企画室を立ち上げたものの、思うように仕事は入らなかった。宏洋氏はそれを自分の才能不足だとは考えず、「幸福の科学とかかわりがあるせいで仕事が取れない」と思い始め、休職中にYouTube等で幸福の科学批判を始めた。そして、一時は「休職」となることに同意したにもかかわらず、「同意していない」などと主張し始める。

●休職に至った経緯《けいい》

佐藤悠人　宏洋氏は、二〇一八年の九月に、石川悦男《いしかわえつお》理事長と土屋《つちや》理事と面談をしました。その後、休職ということで合意したにもかかわらず、「自分は辞めると言っているのに、辞めさせてくれない」と言っていますが、それは、彼のなかで記憶《きおく》が変わっているんです。

時系列で言いますと、二〇一八年九月五日に、理事長と土屋理事で宏洋氏の面談をしています。そのとき、確かに、宏洋氏は「解雇《かいこ》してくださいよ」と言っています。退職は申し入れていませんし、こちらは宏洋氏の希望を聞いただけで、同意までは至っていません。

その翌日の六日に理事長が宏洋氏に電話をし、七日に、理事長がもう一回、宏洋氏に電話をしています。そこで、「休職扱《あつか》いとしたい」と伝えています。そのときの録音音声もありますが、理由を説明したところ、宏洋氏本人も、「はい、はい、了解しました」と納得《なっとく》して、「ありがとうございました」とも言っています。そういうやり取りをしています。

理事長が七日の日に伝えたのは、「一年間の休職ですよ」ということです。「なぜ一年間なんですか」と訊かれたので、「これから宏洋氏が主演した映画『さらば青春、されど青春。』のDVDの発売などがあるので、あなたのためにも、今すぐ辞めるというのではなく休職というのがいいんじゃないですか」と説明したところ、「ああ、なるほど」と、彼はそこで納得しています。そして、「ああ、分かりました。迅速《じんそく》な対応をありがとうございます」という趣旨《しゅし》のやり取りを、そのときにしています。

さらに、人事局から連絡を取って、十二日に人事局の西川《にしかわ》部長と弁護士の私とで会っています。そのとき、「あなたは休職です」「休職というのは、こういう意味です」ということが分かる文書を渡して、二人で説明をしました。それについて、宏洋氏からの質問にも丁寧《ていねい》に答えて疑問を解消して、その後、引っ越《こ》しのことであるとか、書類の手続きの話をしました。

そういうわけで、九月七日に理事長と電話で、「休職です」「分かりました」というやり取りをしたときに、彼は休職に合意をしたとわれわれは理解しています。そして、十二日に弁護士まで出ていって、フォローの説明をしたわけです。

ところが、十月に入って突然《とつぜん》、「いや、俺は辞めたんだ」「辞めると言ったんだ」と言い出したということですね。その後、「いや、そうじゃないですよ」「あなたは休職に合意しましたよね」というやり取りを延々とやっているわけです。これが事実です。

彼は、七日の電話であるとか、十二日に西川部長や私と会ったことなどは、きれいに記憶にないようですね。「自分は理事長に会ったときに、辞めると言ったのだ」「だから辞めたのだ」

と、こういう話になっているんですよ。

ずっとすれ違っているのは、そういうことです。勘違《かんちが》いではなく、記憶がなくなっているんです。彼の記憶がなくなったり、すり替わったりするのは、複数の人が何度も体験していることです。

宏洋氏は霊体質なので、何かの霊に憑依《ひょうい》されていたときにやり取りした記憶は、その霊が抜けたときになくなっているということがあるようです。休職に関して記憶がないのも、そのためかもしれません。

その後も、幸福の科学総合本部から再三の申し入れをしたにもかかわらず、宏洋氏は幸福の科学や大川隆法総裁への誹謗中傷《ひぼうちゅうしょう》をやめることはなく、テレビ番組や週刊誌で嘘《うそ》を発信し続けた。そして、ついに、二〇一九年六月二十五日付で破門《はもん》（懲戒免職処分《ちょうかいめんしょくしょぶん》）となる。

●弁護士から見ても遺産の相続人から「排除《はいじょ》」されるレベル

佐藤悠人　生きている父親に対する誹謗中傷の程度がひどすぎます。しかも、それを動画で世界中に発信しているんですから。「ちょっと名誉《めいよ》を毀損した」というレベルではないです。宏洋氏は、父親の大川総裁の遺産をもらうつもりであるとYouTube等で豪語《ごうご》していますが、申し立てをすれば、相続人から「廃除《はいじょ》」されることが十分ありうるレベルです。弁護士から見て、それだけの材料は、もう十分すぎるほどあります。

宏洋氏について、妹の咲也加氏は次のように語る。

「宏洋さんをいい方向に導こう」と、みんながしていたと思います。兄が言うことをきかないので、養育担当のお姉さんも、どうしたらいいだろうと悩《なや》んでいましたし、学仕（家庭教師）の方々も悩んでいましたし、母も悩んでいましたし、総裁先生も悩んでいましたし、私も、「兄はどうなってしまうんだろう」と心配して見ていた時期が長かったです。

一時期、大学時代の一瞬《いっしゅん》でも総裁先生と距離《きょり》を縮められたことが、奇跡《きせき》だったのかなと思います。ただ、そこをもって、「自分は後継者候補《こうけいしゃ》だったのだ」と言うのは言いすぎで、「宏洋さんがまっとうな道に、一瞬でも戻ってくれてよかった」というのが、正直な見方かと思います。

兄の、「本能のままに生きるよさ」というのは、長所でもあると思うのですが、その本能が他人を害するほうに向かっていくと、とてつもない負のエネルギーになるので、使い方を間違えると、今のような状態になるのだと思います。

他のきょうだいに対しても、気分によって言うことがコロコロ変わっていました。「咲也加さんだったら、ほかのきょうだいもみんな、ついていけると思うよ」と言ってみたり、「裕太《ゆうた》だったら僕は敵《かな》いません。従います」と言ってみたり。ただ、実際は、プライドが非常に高いので、本心としては、やっぱり自分が上じゃないと気が済まないというのはあったのではないでしょうか。

ほかのきょうだいも、しっかりした講話をしたり、勉強もしていたり、自分にできないことができるということも分かってきて、劣等感《れっとう》もあったのかもしれません。

例えば、弟の真輝《まさき》の講話を聴《き》いて感動して、「Revolution!!《レボリューション》」という歌をつくったこともありました。「自分は、勉強面や講話ではかなわないと、そのときに思った。自分にできることは歌かなと思ってやってみた」と言っていて、それはそれでよかったと思います。

私の、『新・神国日本の精神』のセミナーも聴きに来てくれて、すごくほめてくれました。「よく勉強してますね。どれだけ勉強しているか分かりますよ。もう、大学教授とかになったらいいんじゃないか」と言っていて、ほめてくれるときは、すごくほめてくれたのです。

映画「世界から希望が消えたなら。」の脚本も、兄の案が却下《きゃっか》されて私に回ってきたのですが、私の脚本を読んだとき、「いいと思う」と言ってくれていました。最近は、YouTubeで「〇・二点」と言っているそうですが、当時は、『海賊《かいぞく》とよばれた男』みたいな企業《きぎょう》の男の物語として、赤羽監督《あかばねかんとく》がつくったらすごくヒットするんじゃないか」ということを言ってくれていましたので、いいと思うものは素直《すなお》にいいと言うときもありました。自分の脚本は駄目だったけど、私の脚本でいいと思うと言ってくれたときは、私もうれしかったです。

また、映画「さらば青春、されど青春。」のときに総裁先生からお話を頂いて、私が「ＨＩＫＡＲＩ」という歌を作曲したのですが、ちょうど兄がニュースター・プロダクションの社長をしていました。兄は最初、面食らっていましたが、「どうしたい？　歌いたい？　それは咲也加次第《しだい》だから。出たいなら全力でバックアップするし、どうする?」と訊いてきたので、私が、「キーが高い歌で、ほかに歌う人を見つけるのも大変そうだから、歌わせていただけるなら、やらせていただこうかな」と答えると、「よし、分かった!」と、そのときは非常に乗り気で応援してくれました。

そのように、調子がいいときは「いいお兄ちゃん」でもあったのです。「調子のいい」兄を知っているからこそ、現在の豹変《ひょうへん》ぶりはとても悲しく、まさに何かに取り憑かれ、乗っ取られてしまったのではないかと思ってしまいます。

(二〇一九年七月十六日インタビュー)

第4章　宏洋氏の根本的な傾向《けいこう》性

本章では、引き続き大川宏洋《ひろし》氏と接してきた人たちの証言から、宏洋氏の性格の根本的な傾向《けいこう》性を探《さぐ》ってみたい。

1　妄想癖《もうそうへき》

●空想が突然《とつぜん》始まる

饗庭慶子　小さいときから、空想が突然《とつぜん》始まるんですね。普通《ふつう》に一緒《いっしょ》に遊んでいるときに、突然しゃべり出すことがあるんです。「猫《ねこ》さんがね」とか、「僕《ぼく》は雲に乗ってててね、そして、こうなってね」とか、空想話を語り出すんです。「あっ、宏洋君、世界に入っちゃったな」みたいに思ったことは、よくありました。

●耳を疑うような世界に入り込《こ》んでいる

佐藤直史　宏洋氏がまだ小学生のころです。僕は庶務《しょむ》や送迎《そうげい》、警備などを担当していましたが、彼は空想の世界がすごかったですね。あるとき、僕が運転する車で家に帰る途中《とちゅう》、急に、「だからさ、佐藤お兄さん、あのときは楽しかったよね」と話をし始めましてね。

「あのとき」というのは、以前、宏洋氏とハイキングで山道を歩いたときのことのようでした。「あのとき、歩いたじゃない？　そうしたら、急に鹿《しか》が出てきたじゃない？　鹿がこっち見てさ、なんか怒《おこ》ってたよねえ。僕、怖《こわ》かったよなあ」と言うので、「あれ？」と思いました。山道で鹿なんか見たこともなかったからです。彼はまったくありもしないことを言っているんです。

「鹿が出てきて、大変だったよねえ。ここまで歩いてきて、僕はほんと疲《つか》れちゃったんだ。そしたらさ、気がつけば馬が出てきてさ」と言う。「宏洋君、そんなの、僕、知らないよ」と言っても、「佐藤お兄さんはもう忘れちゃっただけなんだよ」とか言って、空想の世界に入り込《こ》んで、ずーっとしゃべり続けるんです。

そして、「あのとき、敵がいっぱい出てきたけどさ。大変だったよね、退治するのが」などと言って、自分が『三国志』に出てくる赤兎馬《せきとば》にまたがっていることになっているんです。家に着くと、「城門を開けよ！　ハハハ（笑）」なんて言っていました。

「ええっ!?」と耳を疑うような世界に入り込んでいるんですね。空想と現実が一緒になって、現実から逃避《とうひ》して、空想の世界に没頭《ぼっとう》してしまうようなところはありましたね。

●小さいときから幻想《げんそう》と真実の区別が分からなくなっていた

黒川白雲　彼は、何か霊的《れいてき》なものが視《み》えたり、聴《き》こえたりしているような感じはありましたね。高橋信次《たかはししんじ》の霊言集《れいげんしゅう》か何かを持ってきて、耳元に当てて、『『もっと勉強しろよ』』って聞こえてきた」とか言っていましたね。

彼は小さいころから、幻想《げんそう》と真実の区別が分からなくて、夢の世界で見たことを本当のことのように思い、「昨日《きのう》、白い犬が飛んでいてね」と言ったりして、夢なのか、現実なのかが分からない話を言い出すんです。

そのころから、いろいろな食い違《ちが》いがあると思いますね。小さいころは、悪意のある感じではないですけれども、これは本当なのかな、夢なのかなという感じは、常にありましたね。

2　目立ちたがり屋

●奇抜《きばつ》な言動を繰《く》り返す心理

武田亮　彼は、「カリスマ」を目指しているんだと思うんです。キャーキャー言われるカリスマみたいな存在ですね。本当はスターのような感じがいいのかもしれないんですけど、それはもう、無理なのがさすがに分かっているので、他人《ひと》より下品になったり、奇抜《きばつ》なことをやったりするキャラクターで人気が出ると思ってやっているんだと思うんです。

その反面、真面目《まじめ》にやっている人をバカにするという傾向《けいこう》が出ています。真面目にコツコツやっている人を、「バカだ」「マシーンみたいだ」「頭が悪い」と言ったりします。例えば、彼が出家《しゅっけ》していたときも、周りの職員が使命感を持って、朝早くから夜遅《よるおそ》くまで、休みを返上して仕事をしているのを見て、「ブラックだ」とか、「言われたことを、ただやってるだけの連中だ」とか言ってみたりする。自分は、真面目な路線ではもう勝負できないので、そちらを否定するんですね。

これは、彼が今、奇抜な方向で自分をカリスマに見せようとしていることと関係していると思うんです。宗教家やカリスマ経営者のような王道では、勝負できないことが分かっているので、注目を浴びて大きく見せようと、どんどん言動が過激になっているのではないでしょうか。

ですから、「見聞きしたことを語ります」とよく言っていますが、注目を集めることが目的で、言っていることが「事実かどうか」は彼にとって関係ないんです。五十パーセントぐらいの理解で早合点《はやがてん》するところが小さいころからありましたが、使えるなら平気で嘘《うそ》をつくというスタイルでやっていると思われます。

3　人格が豹変《ひょうへん》する

●「嘘《うそ》つくんじゃないよ!」とものすごい剣幕《けんまく》で怒《おこ》る

中村益巳　私はお子様の担当ではなく、総裁先生の秘書として宗務《しゅうむ》に入りました。最初のころは、お子様がたとの接触《せっしょく》は、空《あ》いている時間に車の送迎《そうげい》をするとか、その程度だったのですが、宏洋氏が小学校低学年になるころには、宏洋氏と私の二人で散歩に出るようなこともだんだん増えてきました。そのなかで、あるとき、宏洋氏の意外な一面を垣間見《かいま》て、非常に驚《おどろ》くことがありました。

私の記憶《きおく》では、宏洋氏は車がたいへん好きで、当時もいろんな車の名前を覚えていたんです。そして、その日、二人で散歩していたら、救急車が通ったんですね。日本の救急車ではないんです。ドイツのフォルクスワーゲン社の救急車で、その車体には確かに「フォルクスワーゲン」と書いてあったんですね。もちろんドイツ語です。

その救急車のことが宏洋氏はすごく気になって、「あの救急車、何？　日本のと違《ちが》うよね」と言うので、私が「フォルクスワーゲンって書いてありましたよ」と言ったんですね。そのとたん、ものすごい勢いで怒《おこ》り出して、「何言ってんだよ！　嘘《うそ》を言うんじゃないよ！　フォルクスワーゲンっていうのは、カブトムシの形をしてるんだよ！」と言うんです。

確かに、フォルクスワーゲンの代表的な車は、カブトムシのような「ビートル」なんですけど、そのとき通った救急車も、確かにフォルクスワーゲン社のものだったんです。

でも、宏洋氏はすごく怒りまして。「あれ？　この急変した彼は何なんだろう」と。でも、ここで喧嘩《けんか》してもしょうがないので、「ごめんなさいね。私の見間違いかもしれないなあ」というようなことを言って、その場は収めたんですけれども。

宏洋氏のことで最初に驚いたのはそのときです。自分が習ってきたことや、自分の頭で理解していたこと以外のことを言われると、「嘘をつくんじゃないよ！」と言って怒る。これは、けっこうショックだったのですが、あの豹変《ひょうへん》する感じは、ある意味、彼の本来の性格であったのかなとも思います。

そして、それ以降、宏洋氏と一対一で出かけることはなくなりました。

でも、はっきり言って、過保護すぎたんです。一言《ひとこと》で言うと「わがまま」でした。

宏洋氏は、塾《じゅく》で同年代の子たちと話していても、「自分はちょっと偉《えら》いんだ」というような、特別感みたいなのを持っていたと思います。「自分は天才だ」「あんたがたとは違う」という特別感は持っていたと思いますね。

ただ、やはり、申し訳なかったなと。そうさせてしまった一因を、われわれもつくってしまったのかなと思います。

この「豹変する」ということについては、二〇一六年に大川隆法総裁と、宏洋氏、咲也加氏、弟の真輝《まさき》氏、裕太《ゆうた》氏で行われた座談会「大川家の教育を回顧《かいこ》・検証する」で、他のきょうだいたちも、「宏洋さんは昔からけっこう、『あっ、変わったな』と分かるぐらい、急に人格が変わる」と証言している。

●コロコロ言うことが変わり、約束が守れない

武田亮　宏洋氏は言うことがコロコロと変わるし、気分もよく変わるので、約束ができない人です。調子がいいときに、本人が「これやります」と約束しても、学校に行くと、全部忘れてしまいます。彼と十個約束したら、一個、守られたらいいほうという感じでした。

その繰《く》り返しでしたので、埒《らち》が明かないんです。

いちばんひどいときは、高校時代になりますが、早大学院《そうだい》一年生の終わり、最後のほうの試験だったと思いますけれど、成績次第《しだい》で、進級できないかもしれないという状況《じょうきょう》だったため、一カ月ぐらい前から話し合って勉強計画はつくっていました。でも、見事にすべての約束を破っていくわけです。それで試験一週間前になり、さすがにやるのかと思って見ていたら、それでもやらない。

結局、試験前日に一夜漬《いちやづ》けする事態になり、彼から「今日は必ず、お願いします」と言ってきました。しかし、案《あん》の定《じょう》、約束の時間に現れないんですね。夜の十一時を過ぎても来ないので、「もう知らん」ということで家に帰りました。すると、夜中の一時ごろに電話がかかって

きて、怒っているんです。

「なんで、起こしてくれないんですか？　ひどいじゃないですかー！　すぐ来てください。僕《ぼく》がどうなるか分かってるんですかー？」みたいな感じで。どうしようかとは思いましたけど、もう一度仕事場に行ったわけです。進級がかかっていましたから。それで、彼の勉強部屋に行ってみると姿が見えません。顔を洗って、何か夜食でも食べてから来るのかなと思って待っていましたが、三時、四時になっても現れません。さすがに、「いったいどういうことだ？」と思って、彼の部屋に行ってみると、すやすやとベッドで寝《ね》ているではありませんか。「下で二時間待ってたんだぞ！」「いったい、何を考えているんだ？」と言って起こしたら、彼は、布団《ふとん》のなかから出てこようともせず、「ああ、もう、うっせえな！　帰れよー！」と叫《さけ》んでいましたので、気持ちを抑《おさ》えながら、即刻《そっこく》、部屋を出ました。帰ろうかとは思いましたが、ここまで来たら最後まで見届けようと、仕事場で徹夜《てつや》したわけです。

すると、朝七時に、猛《もう》ダッシュで学習部屋に近づいてくる音がして、宏洋氏が叫んで入って来ました。

「いいかげんにしてくださいっ！　こんな時間になっちゃったじゃないですかあ！　いったい、何考えてるんですか！　なんで起こしてくれないんですかあー！」と言ってキレているんです。

もう、返す言葉がありませんでした。

昔から勉強が嫌《きら》いで、お世話になる人は使用人程度だと思って生きてきたので、約束を破ること自体、何の痛みも感じないし、「どうでもいい」と考える人なのです。

遊びの約束はパーフェクト、遊び以外の約束が通じません。基本、約束が守られませんので、彼と仕事をするのはたいへん危険なことなのです。彼には「かかわらないのがいちばん」ということになります。

4　極度の悪霊《あくれい》体質

●電気を全部点《つ》けて寝《ね》ていた

武田亮　宏洋氏は夜、電気を点《つ》けて寝《ね》てましたね。「金縛《かなしば》りに遭《あ》うのが嫌《いや》だ」とか、「消すと、何かが来る」というようなことを言って、闇《やみ》を怖《こわ》がっていたと思います。中三のときは、毎晩、電気を全部点けて、CDで邦楽《ほうがく》を大音量で流して寝ていましたよ。そうしないと「寝られない、安心できない」と言っていましたね。

●周りの人が霊障《れいしょう》になると、総裁先生の霊降ろしができなくなる

木村智重　宏洋君が霊障《れいしょう》になることはありました。霊的な子ではあったから、霊障になったら、住まいの二階で暮らしていても、一階に下ろされて寝かされるというようなことはありましたね。大川家では住まいそのものが宗教施設《しせつ》なんですね。ここで総裁先生は霊降ろしされるわけです。だから、このなかで霊障になった人が出ると、霊降ろしができなくなります。

宏洋君だけでなく、周りの人はみんなそうです。霊障になったら、妻であっても、お子様であっても、弟子《でし》であっても、総裁先生の前には出られなくなります。悪霊《あくれい》が取れるまで、離《はな》れていなくてはいけない。そこまで霊調《れいちょう》管理をしているからこそ、総裁先生に九次元大霊《たいれい》の法が降りているので、「寝る部屋が一階に下ろされるのは、おかしい」と言うほうがおかしいし、それをもって「虐待《ぎゃくたい》された」と言うほうがおかしいですね。霊的環境を護《まも》ることが宗務《しゅうむ》本部のいちばん大事な仕事ですから。

●映画「エクソシスト」を観《み》て高笑い

鶴川晃久　一度、本格的なエクソシスト（悪魔祓《あくまばら》い）現象を経験したことがあります。宏洋君

が中一の夏休みのときだったかと思います。宏洋君に悪魔が浮《う》き出てきてしまったことがあるんです。

子供用の部屋には、生活部屋や学習部屋とは別に、お祈《いの》りをしたり、教学をしたりするための部屋があるんですね。そこで、映画「エクソシスト　トゥルー・ストーリー」を観《み》たんです。そうしたら宏洋君が過呼吸のようになって、いきなり机の上に上がって、ヒットラーの霊にでも取り憑《つ》かれたかのように、「アハハハハハ」と大きな声で笑い始めたり、下品なことを言い始めたりしたんです。

悪魔が入ると、人間の力ではないような、ものすごい力が出てくるので、すごく危ないです。だから、暴《あば》れる宏洋君を、僕《ぼく》と浅野さんでしっかり押《お》さえながら、「修法《しゅうほう》エル・カンターレファイト」（幸福の科学の悪魔祓いの修法）を行《ぎょう》じたり、相手の悪魔の名前を突《つ》き止めようとしたりしてました。「この子を助けなければ」という思いでやっていたら、一時間以上たっていたと思うんですけど、最後、「ギャーーー!!」と言って、宏洋君はぐったりとなり、正気に返ったんです。悪魔が宏洋君から離れていった瞬間《しゅんかん》でした。

中学時代、宏洋氏は色情《しきじょう》系の霊的影響《えいきょう》を受け始めていたようだが、悪霊などから身を護るための幸福の科学の経文《きょうもん》で読誦《どくじゅ》したり、教学を学ぶなどの取り組みは一切《いっさい》していなかったことが次の証言から窺《うかが》える。

●霊的《れいてき》に荒《あ》れて、経典《きょうてん》もほとんど読まなかった

鶴川晃久　彼は、色情系の欲がちょっと強かったんですよね。そうなると、大悟館《たいごかん》の結界《けっかい》が乱れて、問題になりました。「『五蓋《ごがい》反省法』講義」という総裁先生の御法話《ごほうわ》で、蛇《へび》が激しく絡《から》み合ったような姿で「貪欲《とんよく》」を表現されているんですけれども、ああいう感じだったんだと思うんです。あの御法話や「自制心」など、そのころに録《と》られた青少年向けの御法話は、彼に向けても録られたものであったんです。

宏洋君は一回、大悟館に友達を泊《と》めたことがありました。大悟館は総裁先生が天上界《てんじょうかい》と交流する教祖殿なので、本来なら、一般《いっぱん》の人が立ち入ることはあってはならないんです。友達が来て泊まったあたりで、霊的《れいてき》にすごく荒《あ》れて、大騒動《おおそうどう》になった記憶《きおく》があります。

ほかのきょうだいは、自発的に総裁先生の御法話を拝聴《はいちょう》したりして、教学もしていましたが、宏洋君は絶対に観ませんでした。私とかが教学の時間に一緒《いっしょ》に拝聴しようとするんですけど、宏洋君はだいたい途中《とちゅう》で寝ています。自分のことがもとになった「『五蓋反省法』講義」など

●「『五蓋反省法』講義」　2002年12月24日説法。『「五蓋反省法」講義』（宗教法人幸福の科学刊）参照。

●「自制心」　2001年5月15日説法。『心を育てる「徳」の教育』（幸福の科学出版刊）参照。

がどんどん説かれていましたから、「どうせパパは、僕のことを言ってるんでしょ」というような感じで、ふてくされているような状態でしたね。

お祈りも、朝は一緒にやっていましたが、結局、私一人で読誦して、宏洋君はすぐウトウトとしてしまい、私の横で寝ているみたいな感じでした。幸福の科学の根本経典《こんぽんきょうてん》である、『仏説・正心法語《しょうしんほうご》』を、彼が全編読誦したことはなかったですね。

彼は YouTube《ユーチューブ》動画で、「自分は後継者《こうけいしゃ》として育てられたので、幸福の科学の教学はすべて頭に入っている」というようなことも言っていましたが、総裁先生の経典も、中学一年、二年のころからは、もうほとんど読んでいないはずです。

●勉強への集中力は欠け、お祈《いの》りは自分からはしなかった

武田亮　僕が特に担当したのは宏洋氏が中三と高一のときです。彼は、まず勉強が嫌《きら》いなんですよね。勉強をさせようとすると、逃《に》げようとする。本当に机に座《すわ》っていられなくて、すぐにどこかへ行ってしまって、平気で一時間とか戻《もど》ってきません。あるいは、机の前でじっとしているのかと思っても、ボーッとして空想の世界に逃げる感じでした。何かを思い出したのか、突然《とつぜん》、「ニタッ」として、「ククク―ッ」と不気味な笑い方をすることがよくありました。要す

るに、基本的に勉強に集中できません。

お祈《いの》りも、自分ではしなくて、スタッフが入って、「調子悪いからやらないと駄目《だめ》です」と強制的にやれば、いちおうかたちだけやるというような感じでした。でも、それも長くは続かないというのが実態でした。

●霊的《れいてき》には隙《すき》だらけだった

林洋甫　映画「仏陀再誕《ぶっださいたん》」のシナリオを執筆《しっぴつ》しているときも、昼夜がけっこう逆転していて、夜型でシナリオも書いて、という感じにはなっていましたね。

ただ、宏洋氏は総裁先生のご著書の『仏陀再誕』（幸福の科学出版刊）を読んで、その内容を映画の台詞《せりふ》にけっこう反映していたんですよ。あのときは、総裁先生に対する信仰《しんこう》っていうか、尊敬の思いはあったんじゃないかなっていう部分もありました。

ただ、ちょっと霊的《れいてき》な話をすると、悪魔《あくま》の影響も受けていたと思います。悪魔は特に夜に出てきて、宏洋氏は「何かいる」とか、「夢に出てきて怖い」と言っていて、一人で寝られないみたいな感じで、当時、宏洋氏のサポートをしていた竹内久顕《たけうちひさあき》さんを呼び出したり、一緒にやっていたシナリオライターさんに電話をかけたりとかしてましたね。

宏洋氏は、すごく霊体質というか、霊能者の感じはありましたよね。〝視《み》えて〟いるときもあったと思いますね。霊的には隙《すき》だらけだったみたいなので、向こうからしたら狙《ねら》いたい放題だったと思います。

それは、総裁先生が悪魔の霊言《れいげん》をされたとき、悪魔も言っていたと思います。「咲也加《さやか》さんは隙がなくて狙いにくいけど、長男の宏洋は狙いやすい」って言ってましたね。

あとは女性関係のところも、わりと自由な方だったんで……。大学生のときも、学生部の学生と付き合っていました。でもすぐに取っ替《か》え引っ替えする方なので、長くは続かなかったですね。

●夜中に、「殺してやる！」「死ね！」と大声で叫《さけ》んでいた

林紘平　夜中、エル・カンターレ信仰記念館で奇声《きせい》を発したり、「殺してやる！」「死ね！」みたいなことを、ものすごく大きい声で言っていたことがありましたね。

宏洋氏が霊言をしているときに、一回、立ち会ったことがありますけど、そのときは、悪霊と生霊《いきりょう》が三体ぐらい憑いていたということでした。本当に何か霊が入ってはいるんだと思います。宏洋氏は霊体質ではあるので。

ずっとエル・カンターレ信仰記念館で一緒に暮らしていましたけど、一緒の空間にいると、私も精神が崩壊《ほうかい》しそうになるぐらい、変になってしまうんですよね。それは、一年ぐらい、ずっと続いていたと思いますね。

また、高校時代も宏洋氏は霊体質だったようだ。そのことを窺わせるエピソードを咲也加氏が次のように語っている。

兄は高校時代、「一人で寝られない」と言って、夜、私の部屋に来て、愚痴《ぐち》って帰っていくということがよくありました。「一人で寝ると、金縛りに遭ったり悪夢を見たりするので、一緒に寝てくれ」と言って、私の部屋に来ていたのです。

でも、一緒に寝るのは嫌なので、話をしているうちに夜が明けるということも多く、五時ぐらいになると、「あっ、五時になったからもう大丈夫《だいじょうぶ》だ」と言って帰っていくのです。私の部屋に来ないときは、リビングで寝ていたこともありました。

兄が立ち去ってから寝ようとすると、よく変な声が聞こえてきました。耳にザワザワと来る感じで、一度、心のなかで、「なんで私のところに来るんだろう」と思ったら、

「やつはおまえの兄貴だぞ」「おまえの兄貴に憑いて、何が悪い」という声がしたのです。それで、「ああ、兄はそうとう憑依《ひょうい》されているのかな」と思ったことがありました。

おそらく兄は、私の部屋で話して、憑いているものを置いて、すっきりして帰っていくのだと思います。兄は霊体質だったのですが、自分で祓う力がなく、お祈りも嫌いなので対処法が分からず、そういうふうにしていたのだと思います。

あるときなどは、兄の部屋から「ギャーッ」という声がしたので何かと思ったら、寝ているときに柱から母の生成《なまなり》（生霊）が出てきたと言っていました。母の顔が柱から出てくるのが、はっきり見えたと言って、「もうあの部屋では寝られない」ということは言っていましたね。母が別居し始めたころだったと思います。

一度、兄に、「なんで私の部屋に来るの？」と訊《き》いてみたことがあります。そうしたら、「それは、あんたが最強だからだよ」「僕が悪霊だったら怖いもん」と、やや失礼なことを言われました（苦笑）。兄のなかでは、「咲也加のところに来ておけば大丈夫」ということになっていたようです。

（二〇一九年七月十六日インタビュー）

5　悪霊霊言《あくれいれいげん》の実態

霊《れい》体質の宏洋氏は、ニュースター・プロダクション社長在任中にも、頻繁《ひんぱん》に〝霊言《れいげん》〟を行《おこな》っていた。YouTube《ユーチューブ》動画で宏洋氏は、大川隆法総裁による霊言を揶揄《やゆ》する発言を繰《く》り返しているが、実は宏洋氏自身が〝霊言〟を行っていたのである。霊言の場には、社員やスタッフを同席させることもあったという。宏洋氏がどのように霊言を行っていたか、証言をまとめた。

●自分の願望を通すために霊言《れいげん》を使っているように見えた

駒沢さゆり　宏洋さんは、タレントたちや一緒《いっしょ》に仕事をしている職員や、監督《かんとく》さんの〝守護霊《しゅごれい》を呼ぶ〟ということを頻繁にやっていました。その後本人に「君の守護霊はこう言っているよ」と言ったりするんです。

宏洋さんが行う〝霊言〟は、一、二時間は普通《ふつう》にやっていたと思います。短いときもありますけれど、基本的にとても長いです。〝ごきょうだいの守護霊〟と称《しょう》する者を呼んだり、テープレコーダーで録音して、霊言前の事前解説風のことをやって、「それでは、○○さんの守護霊を呼びたいと思います」などと、まるで総裁先生のまねのようなことまでやり出していました。

宏洋さんが、「タレントの生霊《いきりょう》が来て眠《ねむ》れない！　もう駄目《だめ》だー！」と言っているときは、プレッシャーに押《お》し潰《つぶ》されそうなときだと思うんですけれども、そうやって他人のせいにしていくんですね。

総裁先生が生霊霊言や守護霊霊言を公開されるときは、あくまでも、地上の本人に正しい道に戻《もど》ってほしいという観点が入っています。「ここを直したほうがいいですね」と諭《さと》してくださる側面があると思います。ところが、宏洋さんの場合は、「自分から距離《きょり》を置いてほしい」とか、「配役を変えたい」とか、自分の言いたいこと、やりたいことを通すために生霊〝霊言〟を使っているようでした。

「霊言」というのは、本来は、神聖なものです。宏洋氏はその価値を著しく下げていると思います。

●「生霊《いきりょう》が来ていて、苦しい」

阿部一之　宏洋氏は、自分が嫌《きら》いな人に対しては、「その人の生霊《いきりょう》が、今、来ていて、自分を苦しめている」ということを言っていましたね。

宏洋氏が幸福の科学の日光精舎《にっこうしょうじゃ》に研修を受けに行くことがあって、私も付き添《そ》いで行ったんですけれども、研修中、宏洋氏はずっと調子が悪い状態が続いていました。宏洋氏いわく、「○○さんの生霊が来ていて、それが取れなくて苦しいんだ」ということでした。それが事実かどうかは分かりませんが、今となってみれば、宏洋氏は悪霊に憑依《ひょうい》されていたのではないかと思いますね。

ニュースター・プロダクションの女優・水月さんについても、「彼女の生霊が、自分に結婚《けっこん》を迫《せま》っている」と宏洋氏は言っていましたけれども、結局、総裁先生が霊査《れいさ》されたら、そうではなかったということが分かりました。日光精舎のときも、おそらく、宏洋氏が勝手に、誰《だれ》かの生霊のせいだと思い込《こ》んでいたのだと思います。

宏洋氏は、ニュースター・プロダクションの女優・水月ゆうこ氏の守護霊霊言と称して霊言を行った。宏洋氏と水月氏の関係を間近で見ていた人たちに話を聞いた。

●すべて他人《ひと》のせい、生霊《いきりょう》のせいにする

駒沢さゆり　「水月さんの生霊《いきりょう》が来てるから、仕事ができない」と言って、宏洋さんが水月さんの守護霊霊言のようなものをやったことがあります。「霊言をやって、本人に見せて、反省を迫るしかない」というようなことでした。

水月さんの霊言をしたのは、映画のクランクイン直前だったと思います。宏洋さんと水月さんは険悪な雰囲気《ふんいき》になっていました。

宏洋さんが水月さんをヒロインに抜擢《ばってき》したころは、水月さんをすごく大事にしていて、「水月さんには、女優以外の仕事をさせないでくれ」「この子はもう女優なんだから、雑用はさせるな」と言っていたのに、演技レッスンが始まり、本番が近づくにつれて、だんだん自分の演技がうまくいかずプレッシャーを感じていたのかもしれません。

総合本部の礼拝室に水月さんを呼んで、ニュースター・プロダクションの職員も集められました。そのときに宏洋さんが行った霊言の内容はひどいものでした。宏洋さんが呼び出した、水月さんの守護霊と称する霊は、「私は宏洋さんと結婚したい」というようなことを言いまし

た。また、宏洋さんは、「水月さんには憑依霊がたくさん憑《つ》いている」と言って、「次（の霊を）、呼んでみますね」と言い、水月さんに憑いているという、二、三体の狐《きつね》のような霊の霊言をしました。要は、「水月さんは色情《しきじょう》霊に同通しているから、ヒロインにふさわしくない。ヒロインを変えろ」と言いたかったのでしょう。

霊言を聞かされて、水月さんは泣いていました。この事件のあと、本物の霊能者であられる総裁先生が霊査をしたところ、宏洋氏に水月さんの生霊は来ていなかったそうです。

自分の実力が足りないところを、他人の〝生霊〟のせいにする時間があれば、台本を読み込むなど、自分にできる努力をするべきだったと思います。

●悪霊《あくれい》に憑《つ》かれて、床に這《は》いつくばっていた

三觜智大　宏洋氏が水月さんの守護霊霊言のようなものをやったとき、私もその場にいました。映画「君のまなざし」のクランクインのギリギリ前ぐらいでした。

宏洋氏が、「もう水月さんは駄目です」と言い出したのですが、なぜか彼は、「水月さんは自分のことを好きだ」と思っていて、「水月さんの生霊が自分のところに来る」と言っていました。「水月さんの生霊が来ているので、みんな集まってください」ということで、礼拝室に集めら

れました。ニュースター・プロダクションの職員のほとんどがいました。

さらに、宏洋氏は、「本人も呼んでください」と言って、水月さんもその場に呼ばれました。そこで宏洋氏による水月さんの〝守護霊霊言〟が始まりまして、宏洋氏が「私に憑《つ》いている者よ」と言って、出てきた霊は「水月の守護霊だ」と称するものでした。よく分からないものが、ひたすら下ネタを言い、「宏洋さんと結婚したいんです」というようなことを言っていました。

それで、宏洋氏は水月さんに、「あなたの本心はこれでしょう」というようなことを言っていたんです。

このときは、「これは霊言だから」と宏洋氏から言われたので、こちらとしても、「そうなのかもしれない」と思うところがありました。でも、結局、宏洋氏は、自分の調子が悪かったり、自分の思いどおりにいかなくなると、その立場を変えるために〝霊言〟をやるんです。

劇団（新星）の立ち上げの直前に、宏洋氏が住んでいたエル・カンターレ信仰《しんこう》記念館に呼ばれたときがありました。このときも宏洋氏は、「誰《だれ》かが来てるんです。今から霊言をして、（その者を）出すので、しゃべってください」などと言いました。このときは、「竹内久顕《たけうちひさあき》さんの守護霊が来ていて、劇団を潰そうとしている。だから、助けてください」というようなものでした。

そういうふうに宏洋氏は、すべて他人の生霊のせいにして、自分をいいほうに持っていきたいという感じでした。私たちも、このころにはもう、「はいはい」という感じで聞いていましたけど。

「霊が来ている」と彼が言っているときは、本当に彼は具合が悪そうな感じでした。いわゆる「霊障《れいしょう》」「悪霊憑依《あくれい》」の状態だったと思います。悪霊に憑かれてしまって、ずっと床に這《は》いつくばっていたこともありました。

水月氏本人は、そのときの霊言をどう見ているのか。

●審神者《さにわ》なしで守護霊霊言《しゅごれいれいげん》をされて

水月ゆうこ 「ごめんね、今からあなたの守護霊霊言《しゅごれいれいげん》を録《と》るよ」と、スタッフの方に急に呼ばれて、総合本部の礼拝室に行きました。タレントで、礼拝室で霊言を録られたのは、私だけだったと思います。「君のまなざし」のクランクインの前だったので、ここで本当にひどい霊が出たら、たぶん役を替《か》えようと宏洋さんは思っていたんだと思います。

礼拝室では、総裁先生の霊言収録のときのように、私と宏洋さんが前方で向かい合わせでりました。そして宏洋さんは、「あなたのために、今から見せます」「これがすべての真実なので、受け止めてください」と言いました。その場には、審神者《さにわ》もいない状態だったので、怖《こわ》かったです。

宏洋氏に霊が入った瞬間《しゅんかん》、泣き出しました。「自分はいかにいじめられているか」という感じで泣き始めたのを覚えています。「宏洋氏と結婚したい願望がある」とか、「足元に蛇《へび》がウジャウジャいる」、「おまえは血の池地獄《じごく》だ」と言われた記憶《きおく》もあります。

私はそのとき、「社長とタレントで、そういう関係になるのはありえませんが」と言ったのですが……。

ただ、周りの方々も、「これは本当に水月の守護霊なんだろうか」ということをおっしゃっていたので、宏洋さんは、霊言の信憑《しんぴょう》性を確かめるために、別のチャネラーの方にも霊を入れました。

そうすると、宏洋さんの霊言とは違って、「私《わたくし》は……」みたいな感じで女性らしい声色や雰囲気に変わったんです。「何か違《ちが》う霊が来たんじゃないか」と、周りの人たちも言っていました。

そのような流れだったと思います。

しかし、クランクアップ後に大川隆法総裁が水月ゆうこ氏の守護霊霊言を収録したところ、宏洋氏の行った霊言は水月氏の守護霊ではなかったことが判明した。

●本物の霊言《れいげん》には、安心感と信憑性《しんぴょう》がある

水月ゆうこ　申し訳ないし、恥《は》ずかしいんですけど、でも、あの総裁先生がしてくださった霊《れい》言《げん》があったからこそ、今の自分もありますので。

私の守護霊霊言のために九十分の時間を使ってくださって。ですから、恥ずかしくない生き方をしたいなと思います。あの日を境に、本当に、「心の底から恩返しができる生き方がしたい」という思いが強くなりました。

そして、霊言に対しては、総裁先生がされたものと、宏洋氏がしたものとでは、まったく安心感も違いますし、総裁先生がしてくださった自分の守護霊霊言を観《み》ると、自分がよくするしぐさをしていたり。

私は映画の撮影《さつえい》に入る前に、深呼吸を繰《く》り返していたんですけど、霊言で私の守護霊が入ったかなという瞬間に、深呼吸を四回ぐらい繰り返していて、そこにもびっくりしました。やは

り、偽物《にせもの》には惑《まど》わされないように、本物には本物の、それを裏付ける証拠《しょうこ》というのが絶対あると思うので。

「本物の霊言」と「偽物の霊言」の両方経験できたことは、貴重な体験でした。

宏洋氏が行う霊言について、咲也加《さやか》氏は次のように語っている。

兄は「霊言を信じていない」と言っているようですが、それは絶対にないと思います。兄自身が何度も自分で霊言を行っていましたので、信じていないなら、あなたが行ってきた数々の霊言は何だったのかという話です。

勝手に守護霊霊言や生霊霊言をした人たちに謝るべきです。誰かの守護霊の言葉であると言って、「私は宏洋さんと結婚したいんです」などと霊言していましたので、それは何だったのかという話になります。

兄が行う霊言は、総裁先生がいらっしゃらないところでやる場合は、本当に悪霊・悪魔《あくま》などの霊言だと思います。悪魔にやられているときに自分でしゃべってしまうんです。

ニュースター・プロダクションの人を集めてやった霊言などは、おそらく、「もう、しゃべらないといられない」という、病気に近い状態の霊言だと思います。総裁先生がされるような尊い霊言ではなくて、悪魔にしゃべらされるような霊言だと思うのです。

自分から高級霊を呼んでしゃべったことはありません。総裁先生の前では、総裁先生が入れてくださった指導霊などの霊言はできますが、自分だけで行うのは、基本的に自分に憑いている生霊もしくは悪霊ですね。それらが来て、つい口が開いてしまうような、しゃべらないとすっきりしないような霊言です。総裁先生がされる、教えや法を流す霊言ではなく、ただ霊に使われている、霊に乗っ取られている感じの霊言だと思います。

昔、兄が「霊道《れいどう》を開いた」「自動書記が来た」と言って、大学時代の友達が黒田官兵《くろだかんべ》衛《え》や竹中半兵衛《たけなかはんべえ》の生まれ変わりだというようなことを言っていましたが、総裁先生にお見せしたら、「そんなわけはないだろう」という感じで怒《おこ》られて、一瞬で終わっていました。

そういうことがあったので、自分の身の回りの人たちの守護霊霊言を行って、自分に都合のいいことを言うというのは、おそらく兄の思い込みによるものが多いのではないでしょうか。

また、霊能力があるからといって、むやみに霊言を行うのは危険を伴《ともな》います。例えば、一度、霊言などができるようになると簡単には戻らないということがあります。もちろん、日常生活を送っている分には問題はないのですが、スピリチュアル・エキスパートの方も、霊媒をして悪霊や悪魔の霊言をしたあとは、霊が抜《ぬ》けても一時間ぐらいは指が震《ふる》えてしまったり、体が冷たくなったりすると聞きます。

総裁先生を信じ、正しい信仰を持ち続けているかぎりは、おかしくなるようなことはないので大丈夫《だいじょうぶ》ですが、一人の人に繰り返し霊言等をやらせるのは危ないということは、総裁先生もよくおっしゃっています。

（二〇一九年七月十二日インタビューより）

6　恩を仇《あだ》で返す

●「自分を世話するのは当然だ」という価値観

武田亮　宏洋氏は秘書やスタッフをどう見ているか。要するに、自分は雇《やと》い主の側にいて、スタッフは「雇われ人」という認識です。言葉を換《か》えれば、「召使《めしつか》い」なのです。

秘書は、自分の命令で動く人たちで、自分のお世話が仕事であると思っているので、感謝ができないんです。

「秘書はゴキブリたちだ」みたいなことを言ったこともありました。

さらに言えば、お世話をさせてあげていると思っているところもあって、「僕《ぼく》がいて、あなたの仕事があるんだから、僕に感謝したほうがいい」みたいな、そういう雰囲気《ふんいき》がありましたね。

何かしてもらっても、当然だし、逆に、お世話の仕方が悪いと不満を言う。これでは、泥棒《どろぼう》が警察官に、「おれたちがいるから、警察の仕事があるんでしょう? 感謝しろ」と言うのに似ています。

まあ、自分は被害者だと言い続けていますが、大勢の方にお世話になって、現在の自分があることが分からないようでは決して幸せにはなれないでしょう。

●非常に手厚く育てられていた宏洋氏

村田堅信　宏洋氏は、総裁先生は食事の時間にしかお子様と会わず、会話もろくにせず、放っておかれたというような口ぶりで言っていますけれども、私が見させていただいてきた実態は、むしろその真逆でした。激務のなか、先生がどれだけ、お子様がたを気にかけられ、手に手を添《そ》えて施《ほどこ》してくださっていたか。そういうお姿を印象深く、見させていただいてまいりました。

総合本部に出勤される行き帰りの車のなかでも、もちろん、お仕事のお話をされることもありましたけれども、お子様のお話が出ることも日常的にありましたから。私は、総裁先生ときょう子氏がお話しされるのを、聞いていたわけですけれども。

ですから、一般《いっぱん》のご家庭の親と子の関係から見ても、非常に手厚く見ておられましたし、具体的なこともされてこられたと思います。

日常的には、食事のときに、目診といいますか、お子様一人ひとりの様子をご覧になっていましたし、例えば、夏は避暑地《ひしょち》で、ご家族で静養されるのも恒例《こうれい》でした。それ以外にも、ときどき、ご家族で旅行もされています。

そうしたときの、それぞれのお子様の動きであるとか、言葉であるとかも一つひとつご覧になっていて、場合によっては言葉を交《か》わしたり、そうしたことにも心を砕《くだ》かれていました。

宏洋氏のほうも、小さいころは、普段《ふだん》はスタッフの前ではやりたい放題で、やんちゃなところがあっても、先生の前に出ると少しかしこまっていたところはあったと思います。

きょう子氏との対立関係が顕著《けんちょ》になってきたのは、やはり、中学以降でしょうか。きょう子氏から〝廃嫡《はいちゃく》〟であるとか、部屋を移すであるとか、そうした対応を取られたことがもとかもしれませんけれども、はっきりと反抗《はんこう》するという感じが出てきたのが、中学以降だと思います。

いちばん上のお子さんだったということで、実際、試行錯誤《しこうさくご》的なこともいちばん多かったかもしれません。ただ、それも、「ある意味で、いい経験であった」というふうに受け止めようと思えば、受け止められるものかもしれませんので、やはり、本人の受け止め方次第《しだい》のところもあるのではないかと思います。

ただ、宗務《しゅうむ》本部としても、お子様がたも含《ふく》めて、ご家族周りの部分をしっかりフォローし、サポートしていくミッションがあるわけですから、そういう意味では、われわれも常に力不足で、たいへん申し訳なかったという思いがいちばん大きいですね。

宏洋氏本人の性格としては、常に自分ありきで、ほかの人がそれをどう感じるかとか、そうしたことはまったく考えずに、すべて自分のしたいように持っていこうとするところがあると思います。それも、そのときどきの感情に突《つ》き動かされているようなことが多く、一度言い出したことは、意地を張り通すようなところがあって、スタッフは手を焼いていたという感じでしょうか。

勉強でも、何かあるとすぐに放り出したり、休憩《きゅうけい》と称《しょう》して逃《に》げ出したりすることが日常茶飯《さはん》事《じ》でした。そうしたスタッフの苦労も、私のところに聞こえてくるものは、実際の何分の一、何十分の一であったかと思います。

スタッフがよく交替《こうたい》になることも、実際にありましたが経緯《けいい》はいろいろで、ご本人がギブアップした場合もあったかもしれませんけれども、そうした部分も含めて、宏洋氏周りのところは、なかなか難しかったということが言えると思います。

●ちゃぶ台返し――期待をかけると、必ず裏切る

木村智重　『直撃《ちょくげき》インタビュー　大川隆法総裁、宏洋問題に答える』（前掲《ぜんけい》）では、「子供時代から、

彼に責任を乗せた場合と、彼に期待を乗せた場合と、この二つは必ず裏切るという傾向《けいこう》があったのです。何も期待せず、何も責任をかけず、もう放任する以外に道がないというところですね」と言われています。宏洋氏の傾向性の一つとして、これは、私も実感しています。宏洋氏は、こちらが期待をかけたことを必ず裏切ってくるんですよね。これ、見事に裏切られるんです。

『幸福の科学の後継者像《こうけいしゃ》について』（大川隆法・大川咲也加共著、幸福の科学出版刊）でも宏洋氏について、「『天邪鬼《あまのじゃく》』の性格があるわけです。これは、彼が小学校に上がるころからもう出ていた傾向です。天邪鬼で正反対のことをするのです」とありますが、これが一つ目の傾向性として出ています。

だから、われわれが期待をしたら、その反対をしてくる感じですね。見事に裏切ってくる。小さいときからそういう感じはありましたね。

竹早《たけはや》中学から早稲田《わせだ》学院に入ったと聞いたときは、「よかったなあ」と思いましたけど、一年たったらやめて、青山《あおやま》学院に移ったと聞いて、「ああ、やっぱり期待を裏切るなあ」ということを、そのときも確認しましたね。よかったと思って安心したあとに、必ず彼は引っ繰《く》り返してくるんですよ。

この「ちゃぶ台返し」がすごいんですよね。いつもちゃぶ台返しをしてくるので、これはもう魂《たましい》の傾向性でしょうね。ちゃぶ台返しをして、「御破算《ごはさん》で願いましては」の世界に入っていくんです。期待を裏切ることに快感を感じているんでしょうね。

●宏洋氏にかかわった人は、みな不幸になる

木村智重　二つ目の傾向性は、『宏洋問題に答える』で総裁先生がおっしゃっているように、「かかわった人が、みな〝悪人〟になるか、不幸になる」んですよね。これは宏洋氏にかかわった人たちの本音じゃないですか。五人のお子様がいて、それぞれ担当はいるんだけど、なぜか宏洋君にかかわった人はみんな〝悪人〟にされて、見事に不幸になるんですよね。

『幸福の科学の後継者像について』にも、「彼のために何かをやった人たちが、みな、悪人や悪者にされるという傾向がはっきりとあって、これは、ここ二十年以上、ずっとそうです」「これはボンボンに多いパターンなんです」「自分のために一生懸命《いっしょうけんめい》やってくれた人を無下《むげ》に不幸にする傾向を必ず持っているのです」と、先生はおっしゃっているんですよ。

宏洋君の担当がみんなこんな感じで終わってしまうので、けっこう被害《ひがい》が大きいんですね。ほかのお子様の担当は、そんなことはなくて、みんな平和的にやったり、成長に合わせて担当

が替《か》わっていく感じでやりますけれど、彼の場合は、突然《とつぜん》、「あの人はもう嫌《いや》だーっ！」と言って、それですぐに人が替わったりする。みんな悪者扱《あつか》いされるんですよ。だから、彼を担当した人たちは、何か精神的な傷を負うんですよね。これは、けっこうきつかったですよ。

だから「近づかないほうがいいタイプの人間ではありますね」というところが、けっこう本質かもしれません。人を不幸にする、ちょっとデモーニッシュ（悪魔《あくま》的）なところがあって、小さいながら、この子はちょっと危ないところを持ってるなと感じさせました。ただ、将来、反省して実りになるかもしれないと見ていたんですけれど、結局、そのままで行ってしまい、「過激化」して、今、それが「悪魔化」しています。

甘《あま》やかさないで、もうちょっと厳しくしたほうがよかったんじゃないかと思う反面、厳しくしたら厳しくしたで反発するだろうし、甘やかしたら甘やかしたでつけ上がるから、私は、その中道も難しいし、どっちみち、反発はしたかなという感じはしますね。

●人を巻き込《こ》み、〝吸い込んで〟いく

木村智重　三つ目の傾向性として、とにかく、人を〝吸い込《こ》んで〟いくんですよ。宏洋君の世話っていうことで、どんどんどんどん人が巻き込まれていくんです。それで、「この人は駄目《だめ》」

「この人も駄目」「この人でも駄目」と、駄目、駄目、駄目ということで、使い捨てられる感じ。これで使い捨てられて不幸になるんでしょうけど。

この、どんどん吸い込んでいく感じは、総裁先生も『宏洋問題に答える』のなかで、「それで人に仕事を生んでいるつもりだったんだろう」というようなことを述べられていたと思います。

ほかの四人のお子さんはそんなことはなかったんですけれど、宏洋君に関しては、吸い込みがすごかったですね。吸い込んでも、吸い込んでも、どんどんまだ吸い込んでいくという感じですかねえ。だから、愛の吸血鬼《きゅうけつき》みたいな感じのこともちょっと言われたことがあるけど。どんどんどんどん吸い込んでいくという感じは、ありましたねえ。四割、五割の労力は、宏洋に取られたっていうのは、先生がたもそうだろうけど、弟子《でし》もそうですよね。

●自己評価が非常に高くて、自分に甘《あま》い

木村智重　四つ目の傾向性として、他人に対しては、すぐ駄目出しするのに、自分に対しての評価はえらい高いですよね。それをどこでいちばん感じたかというと、今のYouTube《ユーチューブ》動画での発言で、「私は小さいときは、仏法真理《ぶっぽうしんり》の英才教育を受けていたから、真理を理解している

……」と言っていて、「ええっ！」と、口が開《あ》いたまま塞《ふさ》がらなかったんですけれど。このへんの見立てがすごく甘《あま》い。「あのレベルで、もう自分は出来上がっていると思っているのか」という感じです。

彼は、幼稚園《ようちえん》とか小学生で、幸福の科学の基本的な教えの本当に「いろは」を教えられていたぐらいで、途中からあんまり勉強もしなくなりました。それなのに「私は英才教育を受けて、そういうのは全部知ってますから」という言い方をしている。もう「一事が万事」ですね。現在、仏法真理がこれだけ膨《ふく》らみ、さまざまな分野の法が説かれてきましたが、彼はほとんど学んでいません。

この傾向性は、中学生ぐらいのときからもう見えてましたね。法に対する求道心《ぐどうしん》というか、学びの姿勢は極《きわ》めて弱かったですから。今の姿を見ていると、哀《あわ》れです。

7 「主のために」と涙《なみだ》を流していた宏洋氏

宏洋氏は出家《しゅっけ》時代、信仰心《しんこうしん》に溢《あふ》れる発言を数多くしていた。現在、それらの発言は、「あくまで仕事としてしゃべっていただけ」などとうそぶいているが、当時、接していた人たちは、「あのときは本心だったと感じている」と言う。

これらは、宏洋氏の言うように、口から出まかせであったのか、当時の本心であったのか。宏洋氏の過去の発言を紹介《しょうかい》する。

●「人間はみな主なる神に創られた存在」

映画「ファイナル・ジャッジメント」についてのインタビュー
（「アー・ユー・ハッピー？」二〇一二年七月号）

「やはり私は、『愛によって人は変わる』『私たちは愛によって、いかなる憎《にく》しみをも超《こ》えることができる』ということを信じているんです。

なぜなら、人間はみな主なる神に創られた存在であり、魂《たましい》の部分でつながっているからです。だからこそ、お互《たが》いを理解し合い、愛し合い、許し合うことができる。仏性《ぶっしょう》、相等しきを貴《とうと》ぶことができる。今回は、そうした宗教的真理まで掘《ほ》り下げて描かせていただきました」

「後半、『信仰《しんこう》』という考え方が１本入った（ヒロインの）リンは、とても格好いいんですね。僕《ぼく》自身、信仰を持っている女性はすごく魅力《みりょく》的だなと思っています。やはり、女性のいちばんの強さというのは、信仰の力を持ったときの強さだと思うので、映画を通して、そのあたりも感じとっていただければ嬉《うれ》しいです」

「『最後は、やっぱり説法《せっぽう》で終わりたい』と。『説法によって、教えによって人は変わるんだ』ということ、これを描かずして、この映画は終われないという思いがあったので、監督《かんとく》にも、『このシーンは絶対外したくないので』とゴリ押《お》しして(笑)、入れていただきました」

●「日本人の愛国心と宗教心に火を点《とも》すことこそ、私たちのやるべき仕事」

(二〇一二年四月十二日、東京都・東京正心館《しょうしんかん》)

「尖閣《せんかく》諸島沖の漁船事件。このときには、幸福実現党の主張と、私の周りの友人たち、世の中の一般《いっぱん》の方々の意見がぴったりと一致《いっち》したわけであります。『あれは、まずいよね』と。『あれはさすがに、もう、断固たる姿勢をもって、きちんとした対応をしなければいけない』と。

このときに、私は感じました。無神論国家、唯物論《ゆいぶつろん》国家と言われて久しいこの日本人の心に、愛国心の炎《ほのお》が点《とも》った、その一瞬《いっしゅん》を、私は見逃《みのが》しませんでした。

ですから、われわれは、こういった、心の奥底《おくそこ》に眠《ねむ》っている日本人の愛国心、そして宗教心、これに火を点していかなければならない。これが、私たちのやるべき仕事だと、そういうふうに思います。

確かに、偏見《へんけん》は強くあります。無神論、唯物論の考え方。これは根深いものかもしれません。しかし、そういった分厚い層の下に、まだまだ、この日本という国は、草創期より、天照大神《あまてらすおおみかみ》様、天御中主《あめのみなかぬし》様、こういった日本神道《しんとう》の神々の方々によって、もうとても強固な信仰心が、本当は根付いているはずであります。ここ、日本人の心の奥底には。

そういった草創期の神々の方々が、日本人の心に深く教えてくださった信仰心。これに、火を点していくこと。これが、われわれのやらなければならない、今、やらなければいけない、いちばん大事なことであるかと思います」

●「心の奥底《おくそこ》には、信仰心《しんこうしん》の篤《あつ》い心が眠《ねむ》っている」

（二〇一二年四月十二日、東京都・東京正心館）

「私たちは、今、こうした、目覚めているか目覚めていないかという立場の違《ちが》いはあるかもしれませんが、生まれてくる前、数十年前は、同じ使命を持った光の天使だったんだということは、忘れてはならないなと。今は、そうしたこの世的な間違った価値観が上に堆積《たいせき》してしまって、見えなくなってしまってるだけであって、本当は、心の奥底《おくそこ》には、信仰心《しんこうしん》の篤《あつ》い心が眠《ねむ》っているんだと。その篤い心を掘り起こすこと。これが、われわれが、全力を尽《つ》くして、やっていかなければならないことだと思います」

●「自分を鍛《きた》えて、また戻《もど》ってきたい」と涙《なみだ》を流した宏洋氏

(二〇一二年十二月二十三日、滋賀《しが》県・琵琶湖《びわこ》正心館〔質疑応答〕)

「私は自《みずか》ら、厳しい修行《しゅぎょう》の道を歩むことを決めさせていただきました。来年の四月から一般企《き》業《ぎょう》に就職し、一社会人からもう一度修行し直して、自分を鍛《きた》え直したいと思っています」

「私は、大川隆法総裁先生の、主エル・カンターレの長男としてこの世に生を授《さず》かった。こんなに何もかも与《あた》えられすぎるほど与えられてしまって、こんな贅沢《ぜいたく》な環境《かんきょう》に置かせていただいて、本当に感謝でいっぱいで、いっぱいです」

「実社会で自分を鍛えて、そしてもっともっともっと総裁先生のお役に立てるように、自分をもっと鍛えて強くして、また戻《もど》ってきたいと思います。

今後も頑張《がんば》って、一緒《いっしょ》に、幸福の科学を支えていきましょう! ありがとうございます!」

※聴衆《ちょうしゅう》の拍手《はくしゅ》や声援《せいえん》に、宏洋氏が涙《なみだ》を流しながら頭を下げる様子は、現在、YouTube《ユーチューブ》動画で観《み》ることが可能(「大川総裁の長男として生まれたことへの感謝【宏洋氏の質疑応答よ

り〔二〇一二年十二月〕】」）。

また、大川家で受けた教育に対しても、宏洋氏自身はかつて、大川隆法総裁、宏洋氏、咲《さ》也加《やか》氏、弟の真輝《まさき》氏、裕太《ゆうた》氏による座談会「大川家の教育を回顧《かいこ》・検証する」（二〇一六年三月二日）で、このように語っていた。

●「自分がされて嫌《いや》なことは、人にはしてはいけません」と教えられた

「『大川家の教育』ということで、印象といいますか、実際に、自分の感じたところを率直に述べさせていただくとしますと、まず一つは、『自分がされて嫌《いや》なことは、人にはしてはいけません』ということは常々、言われておりました。そこが、宗教教育の根本《こんぽん》になったのかもしれないですが」

●「基本的には、ファーストマザーが子供たちを叱《しか》る役目だった」

「基本的に、ファーストマザーの方《かた》が子供たちを叱《しか》る役目で、総裁先生は、基本的には、それを奥で静かに本を読みながら見守ってくださっているという、そういった印象だったんです」

●「大川家に生まれて非常によかった」「勉強をしっかり教えてもらえてありがたかった」

「私については、いろいろと問題は起こしはしたのですが、大川家に生まれて非常によかったなあというふうに思っていまして、それは、なぜかといいますと、本来もともとの人格的に、勉強が本当に大嫌《だいきら》いなので、これはどうしようもない、もう変えられないんですよ。

でも、自分の苦手なところを、いちばん弱いところを徹底《てってい》して打ち込《こ》まれたからこそ、うまく人間としてバランスが取れるようになったのかなと。厳しくされなかったら、勉強をやらなかったと思うんですね。やらないで、自分の好きな映画ですとか、音楽とか、そっちのほうに没頭《ぼっとう》していって、非常に視点の狭《せま》い人間になっていただろうなあというふうに思うわけです。

勉強をしっかりやりなさいということを教えてくださったからこそ、人間としての視野が広がったのかなあというふうに思っていて、それは、本当に、単なるオタクになるか、全体が見える人間になるかというところで、総裁先生から強い意思として、『全体が見える人間になりなさい』という教育方針だったのかなと、今、私は勝手に思っているんですけれども。

だから、今考えると、本当に、厳しくしていただいて、本当にありがたかったかなあというふうに思っています」

●「知識・コミュニケーション能力・宗教性が、教育の柱だったと感じている」

「大川家の教育は何だったのかなというのを、自分なりに考えてみたのですが、まとめるとすると、まず知識ですね。知識をしっかりつけなさいという、これがまず一つ。

二つ目が、コミュニケーション能力。ちゃんと、相手と対話する能力をつけなさいと。ただ勉強して、字面だけの知識を身につけるだけではなくて、やっぱり、夕食のときに、すごくいろいろなことを会話するというのを習慣としてやっていたので、コミュニケーション能力。ただ知識を詰《つ》め込むだけじゃなくて、それを、ちゃんと相手に対して正しく伝える。そして、相手の反応を見て、それに対して適切な答えを返すということを、知らず知らずのうちに、家族の会話のなかで培《つちか》うことができていたのかなと思います。

コミュニケーション能力が二つ目で、三つ目が宗教性。知識とコミュニケーション能力、どっちも大事だけれども、その二つだけでは駄目《だめ》ですよと。それだけではなくて、やはり、宗教性。あと、人にやられて嫌なことはやってはいけませんということに始まり、ちゃんと、相手のことを大事にするという心。

大川家の教育としては、この三つの柱があって、それを、われわれは教え込まれたのかなというふうに感じています」

以上のような発言があるが、宏洋氏は現在、それらの発言は、本心からのものではない旨《むね》を主張している。

第5章　幸福の科学グループ公式見解

――宏洋《ひろし》氏と文藝春秋社《ぶんげいしゅんじゅう》の虚妄《きょもう》を正す――

『幸福の科学との訣別《けつべつ》』宏洋著（文藝春秋刊）への広報局見解

宏洋《ひろし》氏は、三月十日に発刊した自著『幸福の科学との訣別《けつべつ》』のなかで、大川隆法総裁やその説かれる教義、ご家族、教団運営の実際について、実に百カ所近くに上るウソや誹謗中傷《ひぼうちゅうしょう》を公表しました。文藝春秋社《ぶんげいしゅんじゅう》は、「週刊文春」（二〇一九年二月二十八日号）記事にて、当教団より名誉毀損《めいよきそん》で訴《うった》えられ、現在裁判になっております。当教団広報局からの抗議《こうぎ》を受け、宏洋氏の語る内容に多数のウソが含《ふく》まれていることを、文藝春秋社が知っていながら宏洋著の書籍《しょせき》を発刊したとするならば、出版社としての道に反する行為《こうい》であり、社会的に決して許されるものではありません。ましてや、大川隆法総裁は当教団の信仰《しんこう》の対象であり、こうした誹謗中傷は多くの人の信仰心《しんこうしん》を傷つける許されない行為です。本章では、その主要なものを取り上げ、宗教的真理の観点から、その過《あやま》ちを正します。

●「世の中の人が言うことを信じてはいけない」というウソ

宏洋氏は自著の冒頭《ぼうとう》部分で、「世の中の一般《いっぱん》的な考えは、基本的に間違《まちが》っている。齟齬《そご》があった場合は、我々が正しい。世の中の人が言うことを信じてはいけない」と、常々言い聞かされていたと言っています。しかし、大川総裁の教えにそのようなものはありません。大川総裁の教えは、世を信じ、人を信じ、神を信じる教えであり、世の中のさまざまな事象の中から正邪《せいじゃ》を見分け、悪を去り、善を取ることが大切であると教えています。

また、神仏から見た価値判断を示し、人間一人ひとりが良心（仏性《ぶっしょう》）に基《もと》づく善なる生き方をすることが大切であると説いています。宏洋氏の発言は、総裁の教えを曲解し、自身の記憶《きおく》をすり替《か》え、意図的に世間《せけん》に誤解を与《あた》えるようにウソをついています。

●総理大臣・日本のドナルド・トランプになりたいというウソ

また、宏洋氏が言うような「総理大臣になりたい」とか「日本のドナルド・トランプになりたい」などということもありません。このように総裁を冒瀆《ぼうとく》する発言は、私利私欲にまみれている宏洋氏自身の邪推にしかすぎません。

また、宏洋氏は「父を神だと思ったことはない」と言っていますが、これは事実に反します。二〇一一年四月二十九日に、「成功への道」という題で、大川総裁による青年向け御法《ごほう》話《わ》がなされた際、同氏は前座として「エル・カンターレ信仰と伝道について」と題した講話を行《おこな》っています。そのなかで宏洋氏は「エル・カンターレは、絶対に、何があっても、あなたがたを見てくださっている。これだけは、確信して言えます」「少しでも、エル・カンターレのお役に立ちたいと、いうふうに考えておりますので、みなさま、共に頑張《がんば》っていきましょう」と強く信仰心を語っています。確実に、大川総裁を至高神、主エル・カンターレとして信仰していたのです。

また、犯罪集団であったオウム真理教の麻原《あさはら》を引き合いに出し、「ほぼ一緒《いっしょ》かな」などと当教団を冒瀆しています。世界百カ国以上の人々が信仰の対象としている大川総裁を、すでに破門《はもん》され、外部の一個人となった同氏が冒瀆することは、決して許されることではありません。

●野田《のだ》元首相の守護霊霊言《しゅごれいれいげん》前に解散になった事実はない

今回の自著で宏洋氏は、大川総裁が行っている公開霊言《れいげん》について、「事前の情報収集が不足していると〝放送事故〟が起きてしまう」などとし、その一例として、二〇一二年に行われた野田《のだ》首相（当時）の守護霊《しゅごれい》霊言収録直前に、同首相が衆議院解散を宣言し、「解散総選挙はやらないよ」と霊言していた大川総裁が冷や汗《あせ》を流したことを挙げています。

しかし、そのような事実は全くなく、呆《あき》れるほどの作り話になっています。野田首相が解散を明言した二〇一二年の十一月十四日当日に、霊言は公開で収録されていますが、解散発言の数時間前に収録が終了《しゅうりょう》、十一月二十日に支部で公開、十一月三十日に書籍として発刊されています。この時の解散発言は当時の安倍《あべ》自民党総裁との国会論戦の中で安倍氏の挑発《ちょうはつ》によって発言してしまったというのは有名な話です。

宏洋氏が、このように見てきたようなウソを平気でつくのを理解するには、悪霊《あくれい》や悪魔《あくま》などの霊存在の働きを知る必要があります。

●霊言《れいげん》はパフォーマンスというウソ

宏洋氏は、自著の中で、「霊言《れいげん》で問われるのは、どこまで本物っぽくできるか、というセンスです。隆法本人も当然、パフォーマンスだと自覚しています」などと語り、総裁の行う霊言を冒瀆しています。

総裁は最高の霊能者であり、その霊言は本物です。本物の霊言ができず、信仰を失った宏洋氏が勝手に誹謗中傷することは許されないことです。霊言現象とは、「あの世」の霊存在の言葉を語り下ろす現象のことですが、宗教的修行《しゅぎょう》が十分でないと、悪霊、悪魔といった邪悪な霊に憑依《ひょうい》されてしまいます。いったん取り憑《つ》かれると、なかなか離《はな》れませんし、さらには、心の中に浮《う》かんだ考えが、悪霊の囁《ささや》きなのか、自分がそう思っているのかの区別もつかなくなってしまいます。そのため、神仏に対する信仰心を持ち、導師《どうし》のもとで地道に心の修行を続けていく必要があり、自《みずか》らの自我我欲《じがが よく》を抑《おさ》えつつ、悪霊の囁きに騙《だま》されないよう、信仰心を深めつつ、社会的見識や宗教的教養を積んでいくことが大切になります。

宏洋氏には、奇行《きこう》や、誤った思い込《こ》み、記憶の喪失《そうしつ》などが数多くあります。これは、霊に憑依され、その霊がしゃべったことをすっかり忘れてしまっている霊障《れいしょう》状態である可能性が高く、医学的には解離《かいり》性障害などによくあるパターンです。同氏は、自分で自分をコントロールできなくなり、霊が入って何かをしても、その霊が出て行ったら、もう全部覚えていないという危険な領域に入りつつあるように見えます。

宏洋氏は、自身が置かれた危《あや》うい状態を自覚し、今すぐ、霊言に関するウソをやめるべきです。

●極《きわ》めて高い社会的信用がある大川総裁の公開霊言《れいげん》

そもそも霊言《れいげん》は簡単にできるものではなく、自分自身の自我や、思い込み、刷り込みが入らないように、絶えざる精神修行を必要とします。宏洋氏のように、霊能者ではあるものの、信仰心が薄《うす》く、教学もせず、社会的教養もなく、思い込みが激しいタイプであると、その思い込みが、さも事実であるかのように、霊言に出てしまいます。宏洋氏自身は、霊を入れても、誰《だれ》を入れたのかが自分では分からないレベルです。

霊能者にもレベルの差が相当ありますが、大川総裁の行う霊言は、入った霊にしっかりと本心をしゃべらせることができ、自由に霊現象をコントロールできる最高度のレベルです。大川隆法総裁は、世界最大の霊能者であり、どんな霊でも呼び出せます。これは高度な悟《さと》りを開いている人にのみ可能なものです。霊言現象を行っている間、大川総裁の意識ははっきりしており、トランス状態になって意識を失い、霊が一方的にしゃべる「霊媒現象《れいばい》」とは異なります。また、大川総裁は、霊を降ろす霊媒であると同時に、霊人《れいじん》が語った内容について、その真否や真意を解釈《かいしゃく》して判断を下せる審神者《さにわ》の役割も務めています。さらに霊言の全体を見ているマスター（導師）の役割をも務めていて、総裁自身がその霊に対して質問することも可能です。大川総裁には、過去千回を超える公開霊言を行い、五百書にも上る「霊言シリーズ」を刊行してきた実績があります。大川総裁の霊言シリーズは、五大紙にも広告が掲載《けいさい》されるなど高い社会的信用を有し、「霊界《れいかい》の存在証明」そのものです。

●世界の大宗教の成立には「霊言《れいげん》」が大きく関わっている

前述したように、宏洋氏は「霊言《れいげん》で問われるのは、どこまで本物っぽくできるか、というセンスです。隆法本人も当然、パフォーマンスだと自覚しています」などとし、実際には、霊など降りておらず、事前に仕込んだ知識で、対象となる人物のフリをしているかのように説明していますが、全くの誤りです。

これまで大川総裁は千回以上の公開霊言を行っていますが、どれ一つ取っても同じものはありません。なかには、現代では使われていない古代の言語による霊言や史料が全く存在しない人物の霊言があったり、ジョン・レノンやエルビス・プレスリーからの楽曲のインスピレーションもあります。また、生存中の人物の守護霊を呼び出して、本心を語らせる守護霊霊言もあります。これは、いわば、本人の潜在《せんざい》意識にアクセスしたものであり、その内容は、その人が潜在意識で考えていること、すなわち本心と考えてよいものです。

ユダヤ教やキリスト教、イスラム教などの世界の大宗教の成立には、どれも、神の啓示《けいじ》、つまりは高級霊界からの「霊言」が大きく関わっています。そもそも霊言なくして、宗教はないと言っても過言ではありません。これだけ多くの霊言が、これほどまでに多彩《たさい》な霊人から降ろされたことは歴史上全く初めてのことです。

また、霊言収録は突然《とつぜん》行われることになる場合も多く、大川総裁も質問者も、ほとんど準備時間がない中で始まるケースも多いというのが実際のところです。

霊言の前には、大川総裁による事前解説が行われるのが通例で、そのためにも、その人物の業績や歴史的位置づけを確認することは必要です。また、霊言は、大川総裁の言語中枢《ちゅうすう》を通じて行うものであるため、霊人が話しやすいように、その霊人がどのような人生を送ってきたのかについて、大川総裁が事前に情報として記憶の中に入れておくことは当たり前のことです。

●信者の実数は一万三千人というウソ

宏洋氏は、元理事長でありましたが、二カ月ほどしか務まらず、実務的な数字については把握《はあく》していませんでした。二〇一七年には東京ドームの大講演会を、参加者五万人、全世界三千五百カ所同時中継《ちゅうけい》で行っているにもかかわらず、明確な根拠《こんきょ》なく、「信者の実数は一万三千人しかいない」などとしています。教団収入や財政事情についても当教団の実態と全く異なる発言をしています。

幸福の科学は、昨年の新規入局職員数も過去最高であり、信者数も年々増え続けています。昨年公開の大川隆法製作総指揮の映画「世界から希望が消えたなら。」も実写映画としては過去最高の動員数となっています。書籍も毎年百冊以上発刊するなど、着実に発展し続けています。

また、公益財団法人庭野平和財団が「世論調査：日本人の宗教団体への関与《かんよ》・認知・評価の20年」として、昨年十月十一日、日本人の宗教観調査の実施結果を公表した中で、新宗教の中では、幸福の科学のみがここ二十年で知名度を上げている、とする結果も出ており、発展し続ける当教団の状況《じょうきょう》が第三者機関の調査でも明らかになっています。

●総裁の身の回りについての、ありもしないウソ

宏洋氏は同書で、総裁が行事の際に身に着ける袈裟《けさ》などについて、一回しか使わないものにお布施《ふせ》を無駄《むだ》に浪費《ろうひ》しているなどと批判しています。しかし、これは事実に反します。総裁が身に着ける袈裟などは何回も使用していますし、使われている装飾《そうしょく》は主にビーズ等で、決して高価なものではありません。また宏洋氏は「時計は特注だ」としていますが、これも事実ではなく、一回しか使わないということもありません。また、スーツについても、特注ではなくオーダーメードで、三十着程度のスーツを組み合わせることで、年間二百回から三百回程度の説法《せっぽう》に対して、同じ衣装《いしょう》を何度も着ているように見えないよう工夫《くふう》されています。こうした、教団内の基本的な常識すら知らないということは、教団職員当時の宏洋氏が、いかに大川総裁との関わりが薄かったかを示すものです。

また、総裁は公私混同しないよう子供たちにも教え諭《さと》していましたが、それを聞いていなかったのは宏洋氏です。宏洋氏は、「あいつは使えない」などの愚痴《ぐち》や雑言《ぞうごん》を大川総裁がしばしば口にしているかのように記述していますが、そのようなことは全くありません。

●大川紫央《しお》総裁補佐《ほさ》についてのウソ

宏洋氏は大川紫央《しお》総裁補佐《ほさ》について、宏洋氏に対して「悪魔の血が流れている」などと語ったとしていますが、全くの事実無根です。

紫央総裁補佐は、二十四時間三百六十五日、総裁をサポートし、お護《まも》りすべく命を捧《ささ》げています。

総裁の聖なる救世運動を誹謗中傷で妨害《ぼうがい》している宏洋氏が、ウソ発言で紫央総裁補佐を侮《ぶ》辱《じょく》することは許されません。

●妹・咲也加《さやか》さんについての虚偽《きょぎ》のエピソード

宏洋氏は、今回の自著で、「咲也加《さやか》（さん）が大学2年生ぐらいのとき」に、自身の交際相手を宗務《しゅうむ》本部に入れようとすることに反対した弟の裕太《ゆうた》さんに対して、「竜神《りゅうじん》のごとく怒《いか》り狂《くる》って」「罵倒《ばとう》し」「三日三晩くらい怒鳴《どな》り散らし」たとしています。

しかしながら、咲也加さんが交際相手を宗務部門に入れるよう強要したことはありません。事実に反しており、悪質な印象操作です。当然のことながら、咲也加さんが鬼《おに》のように怒り狂って裕太さんを激しく罵《のの し》ったことも、これをめぐって大喧嘩《おおげんか》になったこともありません。咲也加さんは幼い頃から調和的な性格で、きょうだい間の取りまとめを行う反面、真っ直ぐで情熱的な教育者的面を持っており、きょうだいの中ではいちばんの努力家でした。こうしたリーダー的資質と自助努力の精神ゆえに咲也加さんが後継者となったことを妬《ねた》んで、宏洋氏は「政治家」などと誹謗しているのでしょう。

この年の夏に当時の交際相手を認めてもらおうと、家族を巻き込《こ》んだ大騒動《おおそうどう》を起こしたのは宏洋氏のほうであり、ここでも記憶のすり替えが起きています。宏洋氏は当時の彼女を宗教で認めてもらおうと、「彼女の過去世《かこぜ》は聖母マリアで自分はイエス的存在。よって自分たちの結婚《けっこん》を認めてほしい」という方向での主張をしていたのです。しかし、総裁先生には「残念ながら彼女が聖母マリアだとは認定できない」と言われ、咲也加さんにも「結婚するなら相手の女性に会員になってもらうのが先ではないか」とたしなめられたところ、宏洋氏自身が怒《おこ》って周囲に暴言を吐《は》き、気分を害したとして軽井沢《かるいざわ》での滞在日程を切り上げて、一人で東京に帰ったという事実です。宏洋氏はこの時の自身が暴言を吐いた話を咲也加さんの話へとすり替え、咲也加さんに自身の元彼女の悪口を言いまくられたという虚偽《きょぎ》のエピソードへと変えています。

●弟たちが粛清《しゅくせい》されたというウソ

また宏洋氏は、弟の真輝《まさき》さんと裕太さんが「粛清《しゅくせい》されて干された」のは、「裕太（さん）を早めに潰《つぶ》すために動いた」、「反逆の芽は完全に摘《つ》んで、自分の権威《けんい》を確立したい」などと、妹の咲也加さんが、反逆の芽を摘むために彼らを粛清したかのように述べています。

しかし、咲也加さんが、真輝さんや裕太さんを〝粛清〟したという事実はなく、幸福の科学人事局によって組織の判断として人事異動が行われたのみです。宏洋氏は、直接確認を行っていない事実について、ネット情報に基づく虚偽の憶測を述べているだけです。

宏洋氏は咲也加さんについて、性格がきつく、「内部の人間に対して厳しく粛清する」などと述べていますが、全く事実ではありません。それは、むしろ宏洋氏がプロダクションの社長時代に部下に対して行っていたことです。

さらに宏洋氏は、咲也加さんが高校のダンス部の部長だったときに、露出《ろしゅつ》度の高い衣装に反対し、「最後まで意見を変えず」、「そのまま部活を辞《や》めてしまった」としています。しかし、咲也加副理事長がダンス部に加入していたのは、中学三年生の途中《とちゅう》までであり、ダンス部の部長は高校二年生が代々務めていました。そして、グループ割りや衣装などを決めていたのも、すべて高校二年生でした。

ところが、露出度の高い衣装のグループに入ることになってしまったことを、当時の母親が怒り、中学三年生の時にダンス部を辞めさせたというのが真実です。咲也加副理事長がダンス部の部長となったことも、衣装の変更《へんこう》を指示したこともなく、宏洋氏の発言は完全な虚偽です。

加えて、宏洋氏は「両親から『お兄ちゃんが後継《あとつ》ぎだよ』と言われ、きょうだいたちも私（宏洋氏）を支えるように言われていました」としていますが、これも事実ではありません。弟や妹たちは、「兄の素行が良くないので、ほかの子たち、しっかりしなさいよ」と言われていたのが真実です。宏洋氏は咲也加さんについて、「性格はきつい」、「内部に対しては厳しい粛清をする」などと述べていますが、全く事実ではありません。

●弟・真輝《まさき》さんについてのウソ

宏洋氏は、弟の真輝《まさき》さんについて、（中高と）「勉強はせず部活もやらず、中二から引きこもりみたいになって、家でネットゲームばかりやっていました」としていますが、事実ではありません。中学校時代は軟式《なんしき》テニス部に所属していました。個人（ダブルス）では、中学最後の荒川区大会で準優勝、団体戦では東京都大会にも出場するなどの実績も残しています。妹の咲也加さんも、真輝さんについて、インドア派というよりはスポーツに励んでいたというイメージであると語っています。

ネットゲームについても、年二、三回しか家に帰ってこない宏洋氏に対して、真輝さんが、グレていた兄が好きそうな話として、（進学校に通っている自分であっても）ゲームをやっているという話題を振《ふ》ってあげたにすぎません。宏洋氏は弟の真輝さんの配慮《はいりょ》も分からずに自分が覚えていることに虚偽を混ぜて過大に誇張《こちょう》して語っているのです。

●妹・愛理沙《ありさ》さんについてのウソ

宏洋氏は大川総裁が妹の愛理沙《ありさ》さんとある男性職員を結婚させようとしたとしていますが、そのような事実はありません。また、愛理沙さんの過去世が「九尾《きゅうび》の狐《きつね》」に変更されたとしていますが、事実ではありませんし、「結婚した」ともしていますが、これも事実ではなく現在独身です。今後、大学院に進学し、さらなる研鑽《けんさん》を積んでいきます。

●消えてしまった「結婚《けっこん》強制」

これまで宏洋氏が捏造《ねつぞう》した最も悪質なウソとして、「大川総裁から千眼美子《せんげんよしこ》氏との結婚《けっこん》を強制された」とする、いわゆる「結婚強制」がありました。これは、昨年二月に発刊された「週刊文春」（二〇一九年二月二十八日号）記事でも大きく取り上げられ、具体的には、二〇一七年十一月十八日に宏洋氏が千眼美子氏と同席の上、大川総裁と面談した際、結婚話を断ることで大川隆法総裁を怒らせたというものでした。これが宏洋氏にとって、幸福の科学と訣別する決定打になったというのが「週刊文春」記事の主要部分でした。

ところが、驚《おどろ》くべきことに、今回出版された宏洋氏の自著では、この日にあったとされる「結婚強制」話が完全に消えてなくなっているのです。

自著の記述によると、この日、宏洋氏は大川総裁と二人きりで五、六時間ほど話したものの、その内容は結婚の強制ではなく、教義や霊言、政党についてだと変更されています。同書は、核心《かくしん》的な部分で「週刊文春」記事から変更されています。「週刊文春」出版部は、真実を報道するというジャーナリズムの道を外していると言わざるをえませんし、「結婚強制」がなかったことを事実上認めていることにほかならないでしょう。

●六歳児《さいじ》が父親の心が折れてしまったと見透《みす》かすなどの不自然な記述

宏洋氏のウソや妄想《もうそう》に加えて、極《きわ》めて不自然な記述が散見されるのが同書の特徴です。一例を挙げると、九五年に起きた地下鉄サリン事件のあと、新宗教へのバッシングが苛烈《かれつ》になり、大川総裁は「心が折れてしまった」様子に見えたというくだりです。この時、大川総裁は都会の喧騒《けんそう》を離れ、宇都宮《うつのみや》に山籠《やまご》もりすることにしたとされています。しかし、当時の宏洋氏はわずか六歳《さい》です。小学校一年の子供が、父親の複雑な心中を見透《みす》かすことが果たしてできるでしょうか？

実際には、宇都宮は東北新幹線も停車する県庁所在地であり、ここに建立《こんりゅう》した総本山《そうほんざん》の整備のためにご家族全体で引っ越《こ》したというのが事実です。同書には、実情を知る者からすると首を傾《かし》げざるをえないような不自然な表現が幾《いく》つもありますが、文春が手配したライターの作文でしょう。

また同書には、大川総裁の書籍が毎年ベストセラーとなる理由として、出版取次のデータを元に、信者一人当たり約三十七冊もの同じ本を買わされているとしていますが、全く事実に反します。当会の支部では、多忙《たぼう》で書店に行けない方のために、まとめて一括購入《いっかつこうにゅう》を行うケースがあります。支部単位で一度に数百冊を購入し、郵送にて支部に送っていただき、その後、お一人ずつに手渡《てわた》すような場合です。ところが、同書では、二〇一八年の年間ベストセラー十位にランクインした『信仰の法』（幸福の科学出版刊）について、調査期間中の売上冊数一万二千九十六冊に対して、購入者数が三百二十五人だったことを捉えて、一人平均三十七・二冊を購入しているとしています。

これは現場で行われている前記のようなサービスを知らない机上《きじょう》の空論《くうろん》でしかありません。仮にこの数字が事実であっても、宏洋氏がこのような調査結果を独力で入手できる立場にないことは明らかで、ここにも文藝春秋社の悪質な印象操作の姿勢が垣間《かいま》見えます。

●総裁から「バカ波動《はどう》を出すな！」と言われたというウソ

宏洋氏は自著の中で、幼少期を振り返って、大川総裁から「バカ波動《はどう》を出すな」と叱《しか》られたとしていますが、そのような事実はありません。「本を読んでいる時は、静かにしてね」と言われただけのことです。

宏洋氏だけが家族と切り離され、食事も一緒に取れなかったなどと、恨《うら》みがましく言っていますが、そのような事実も全くありません。宏洋氏が希望すれば、いつでも大川総裁と交わり、家族の団欒《だんらん》を楽しむことも可能でした。宏洋氏は、中高生時代から友人宅を泊《と》まり歩くなど不在がちで、大川総裁は何度も声をかけたにもかかわらず、むしろ本人が寄りつかなかったというのが事実です。

また、男子進学高校に進学後、別の男女共学校に入学し直した際、父親から「お前の考えていることはもう理解できない」と言われ、自宅から追い出されてしまったとしていますが、そう言って追い出したのは当時の母親です。大川総裁は、「大人にならないと、どうなるかは分からない」と言って宏洋氏をかばい、その成長を信じて見守ることを選んでいます。

また、軽井沢の別荘《べっそう》内に秘書たちが買ってきたカブトムシやクワガタを野生に見せかけて早朝、持ち込んだとしていますが、これは小さな子供たちを喜ばせようと秘書が育てていたものであり、こうしたことへの感謝もないのは、残念でなりません。

●秘書からの「体罰《たいばつ》」というウソ

宏洋氏は幼少期を振り返って、秘書の人たちが「体罰《たいばつ》」として宏洋氏を「殴《なぐ》る」、「秘書が子どもたちをこっそり殴っている」などしていたと述べています。しかし実際は、仲の良い女性職員から冗談《じょうだん》で「今度、悪さをしたら、お尻《しり》ペンペンよ」などと言われて軽いお仕置き程度の行為があったにすぎず、「殴る」などの「体罰」があったという事実はありません。

また、養育係についても、大川総裁から「『この子の教育はなっていない』と判断されると、（養育係の）クビが飛ぶ」などとしていますが、実際には、小学生当時の宏洋氏の母親への大げさな告げ口が原因で異動させられていました。宏洋氏は親身になって助言や注意をした人物に対して、「あいつに怒られたせいで、問題が解けなくなった」、「あいつは本当にダメだ」などと誇張して話すため、次々と養育係が代わっていったのです。

宏洋氏は親身になって世話をしたスタッフの労苦が全く分かっていません。

●総裁が愚痴《ぐち》や人の悪口を言うというウソ

また、宏洋氏は大川家に家族の団欒や会話がなかったとして、「食事の間は、ずっと隆法がしゃべっています。『最近、仕事がうまくいかないな』とか『職員の誰々はダメだ。B型だし』とか、ほとんど人の悪口ばかり。とにかく、独《ひと》りでしゃべり続けているのです。子どもたちは、相槌《あいづち》を打つだけです」としています。

しかし、総裁が愚痴《ぐち》や人の悪口を言うことなどありません。実際は、時事問題についてのニュース番組を観《み》ながら大川総裁が行う解説が幼い宏洋氏には理解ができず、独り言をつぶやいているように誇張しただけの話です。

●都会の子供たちと変わらない生活パターン

宏洋氏は「生まれつき特別な使命を帯びている人間」なのだから、「友達と親しくなってはいけません」などと教えられ、「学校の外で友達と会うことは禁止された」としていますが、これも事実に反します。

宏洋氏は、塾通《じゅくがよ》いをする都会の平均的な子供たちと変わらない生活を送っており、交友関係も自由でした。小学四年生の時には、マンガを友達と回し読みしたり、小学六年生の時には、保護者不在のマンションに勝手に友達を集めて、悪ふざけをすることもありました。中学生当時は、帰宅は夜遅《よるおそ》いことが多く、友人宅を順番に泊まり歩くことも行っており、年齢《ねんれい》が上がるに従い、広範囲《こうはんい》に遊びまわっていたというのが事実です。

●「怒鳴《どな》り合いのケンカ」というウソ

また宏洋氏は中学受験失敗後、「毎日朝から晩まで、顔を合わせるたびに怒鳴《どな》り合いのケンカです」としていますが、これも事実ではありません。実母のきょう子《こ》氏は、宏洋氏が第一志望に落ちたことが許せず、「宏洋氏を廃嫡《はいちゃく》する」と言い出しました。そのため大川総裁が、「社会人になってからできるようになる人もいるので、そんなに簡単に決めるべきものではない」と、とりなしたというのが事実です。

他のきょうだいたちは父親としての大川総裁について、「怒っている姿は記憶にない」、「子供たちへ威張るということもなかった」と振り返っている通り、大川総裁が怒鳴るということはありませんでした。

●社会的信用を失い続ける宏洋氏

また、宏洋氏は、二〇二〇年一月七日、同月二十六日、同月三十一日の三回にわたって、ツイッター掲載の動画のなかで、信者が信仰のよりどころとして毎日大切に読誦《どくじゅ》している幸福の科学の根本経典《こんぽんきょうてん》『仏説《ぶっせつ》・正心法語《しょうしんほうご》』と、自治体が発行する「障害者手帳」を、店の客とともに〝めんこ〟と称《しょう》して床に繰《く》り返し叩《たた》きつけあうという「ヘイト行為」を行いました。さすがにそれはないだろうと、動画が炎上《えんじょう》し、多数の視聴者《しちょうしゃ》から非難コメントが殺到《さっとう》したにもかかわらず、宏洋氏は「知らねえよ」と言い放っています。

これは、幸福の科学の多数の信者の心を傷つけ、信教の自由で保障される信仰を傷つける行為であるとともに、障害を持つ多数の方々の心を傷つける行為です。多数の視聴者の顰蹙《ひんしゅく》を買い、YouTube《ユーチューブ》の登録者数や視聴回数も激減し、結果として、宏洋氏は四十本以上もの動画を削除《さくじょ》しています。

加えて、宏洋氏は一億円近い貯金を所持していたにもかかわらず、金がないと称してクラウドファンディングで一般の人々から映画資金を募《つの》るという詐欺師《さぎし》的行為を行っています。その映画もいまだに完成に漕《こ》ぎつけることが出来ず、作成した予告編動画の評価も散々でした。

さらには、最近の動画では、CBDという大麻《たいま》草成分を自ら体験し、自分の開設したバーでCBD入りのドリンクをプラス千円で出しますなどと宣伝しています。こうした危険な行為を繰り返しており、社会的常識を欠き、全く信用できない人間であることを自らさらけ出しています。

●宏洋氏に与《あた》えられる遺産など存在しない

大川総裁は、自身の私財も最終的にはすべて教団に寄付する予定であることを公言しています。現在も、印税はすべて寄付されており、年間数百回の説法を行い、折々に大講演会を開催《かいさい》して、全人類の救済、世界の平和と繁栄《はんえい》のため、文字通り「不惜身命《ふしゃくしんみょう》」で教団を率いています。宏洋氏は、「幸福の科学という宗教教団と一切《いっさい》の縁《えん》を切り、何の関係もない一個人として自分の力で仕事を全《まっと》うしていく」と言いつつ、執拗《しつよう》に教団批判を行い続けています。長男としての分け前が欲《ほ》しいので教団を揺《ゆ》さぶっているつもりなのでしょう。しかし、同氏に与《あた》えられるべき財産など存在しないことを知るべきです。

●文藝春秋社《ぶんげいしゅんじゅう》に社会的公器性はあるのか

文藝春秋社《ぶんげいしゅんじゅう》「週刊文春」出版部は、同書の発刊に先立って、二月十二日（水）に当教団広報局宛《あ》てにファックスにて、大川宏洋氏の著作として書籍『幸福の科学との訣別』を予定していることを知らせ、宏洋氏の生育環境《かんきょう》や教団との訣別の経緯《けいい》について取材したいと申し込んできました。その後、同社は具体的な質問項目《こうもく》を送ってきましたが、いずれの質問項目も二〇一九年二月に出版された週刊文春記事の域を出るものではなく、同社が同記事をベースに宏洋氏の虚言を焼き直して書籍化することは明らかでした。

そこで当会は広報局職員二名に加えて法務室に所属する弁護士一名の計三名で同社を訪問し、一般書店で刊行した書籍『直撃《ちょくげき》インタビュー　大川隆法総裁、宏洋問題に答える』（幸福の科学出版刊）及《およ》び書籍『娘《むすめ》から見た大川隆法』（大川咲也加著、幸福の科学出版刊）において、大川総裁自身がインタビューに直接答えるなどして、宏洋氏が語る虚偽内容に対し、正確な事実関係やその考えを明らかにしていることを知らせ、当会ホームページで公開されている公式見解など資料一式を手渡し、事実関係の間違いがないよう、注意を促《うなが》しました。さらに、質問があれば、受け付ける旨《むね》を伝えました。

にもかかわらず、同社が今回、全くの虚偽に満ちた同書の発刊に踏《ふ》み切ったことは、同社の社会的公器性を疑わせるものであり、信教の自由を著《いちじる》しく侵害《しんがい》しています。ここに改めて大川宏洋氏並びに文藝春秋社に対して強く抗議するものです。

●自己愛の塊《かたまり》として生きる宏洋氏と文藝春秋社に猛省《もうせい》を促《うなが》す

同書の刊行に先立って、大川総裁は、「人はなぜ堕《お》ちてゆくのか。」と題した対談を行い、宏洋氏の転落の根本原因について、「自己愛」の強さを挙げています。

教祖の家に生まれ、尊い教えを学ぶチャンスに恵《めぐ》まれながら、それを摑《つか》めなかったのはひとえに本人の自己責任です。大川総裁の優《やさ》しさに甘《あま》え、世間《せけん》を舐《な》めてきた性格が災《わざわ》いしているのです。教団職員時代の宏洋氏は、人に仕えるのが嫌《きら》いなタイプで、経験も見識もないまま多額の散財を繰り返し、教団に多大な被害を与えました。現在も、映画製作に数千万もの資金を投じています。

自分を愛しているつもりで、その自己愛が自分を転落させている――。そのような人物を持ち上げる文藝春秋社にも大きな罪があります。

かつて、「週刊文春」編集部は二〇一二年七月十九日号において、当教団に関するありもしない虚偽事実を掲載したため、当教団より損害賠償《ばいしょう》などを求める訴訟《そしょう》を起こされ、二〇一五年一月、最高裁が文藝春秋社の上告を受理しないことを決定しています。これにより、同社に四百万円の損害賠償と「週刊文春」誌上に全面一ページの謝罪広告を載《の》せることを命じた東京高裁の判決が確定しました。

今回の書籍化は、当時のずさんな取材と全く同じ性質のものです。同社の無反省かつ傲慢《ごうまん》な態度によって、虚言を鵜《う》呑《の》みにした一方的な取材と「信教の自由」の侵害が繰り返されているのです。

また、今回の書籍化が五年前の謝罪広告掲載への意趣返しであるとすれば、文藝春秋社は過去の過ちに学ぶことなく、かつての誤報を取り繕《つくろ》うために宏洋氏の悪業を再利用することで部数増を目指す営利路線をひた走っていると言わざるをえません。このような行為はジャーナリズムとして、人の道を外した生き方です。当教団は宏洋氏と同社に対して、改めて、宗教的真理の立場から猛省《もうせい》を促《うなが》すものです。

以上、宏洋氏が語っている、ウソや妄想について主な箇所《かしょ》を挙げましたが、同書の過ちはこれだけではありません。百カ所近い誤り、誹謗中傷が存在します。これらについては、近日中に発刊される書籍にて真実を明らかにして参ります。

二〇二〇年　三月十二日

幸福《こうふく》の科学《かがく》グループ広報局《こうほうきょく》

宏洋問題《ひろしもんだい》の深層《しんそう》

――「真実」と「虚偽」をあきらかにする31人の証言――

2020年3月14日　初版第1刷

編　者　　幸福の科学総合本部

発行所　　幸福の科学出版株式会社

〒107-0052 東京都港区赤坂2丁目10番8号
TEL(03)5573-7700
https://www.irhpress.co.jp/

印刷・製本　株式会社 研文社

落丁・乱丁本はおとりかえいたします

ISBN978-4-8233-0159-9 C0030
装丁©幸福の科学

不信仰の誤りを糺す

宏洋問題を斬る

「内情」を知り尽くした２人の証言

幸福の科学総合本部 編

彼の嘘がこれ以上多くの人を傷つけないように――。公私にわたり宏洋氏を間近に見てきた関係者による証言と反論。実弟の真輝氏・裕太氏の寄稿文も収録。

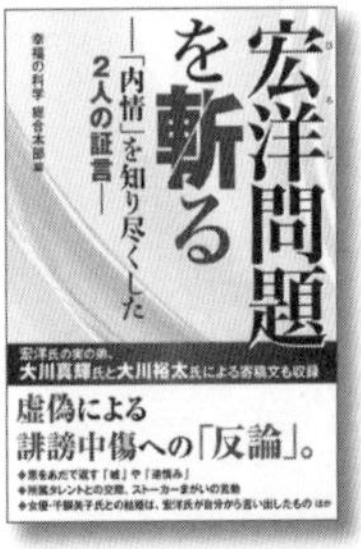

1,400 円

不信仰の家族にはどう対処すべきか

現代のダイバダッタ問題

大川隆法 著

いつの時代にも起きる信仰と身内の問題は、どう見るべきなのか。〝嘘〟の誹謗中傷、教団批判による炎上商法、その真相を明かした守護霊インタビュー。

1,400 円

実戦・悪魔の論理との戦い方

エクソシズム訓練

大川隆法 著

信仰を護り抜くために、悪魔にどう立ち向かえばよいのか。嫉妬、不信感、嘘、欲望――、悪魔との直接対決から見えてきた、その手口と対処法とは。

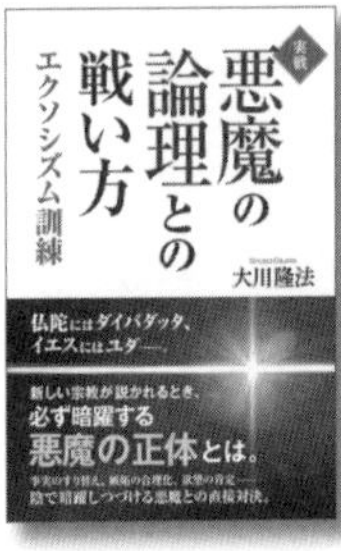

1,400 円

直撃インタビュー

大川隆法総裁、宏洋問題に答える

幸福の科学総合本部 編

「月刊 WiLL」「週刊文春」「YouTube」――。宏洋氏の虚偽の発信に対して、大川総裁ほか関係者が真相を語った、衝撃の質疑応答 174 分。

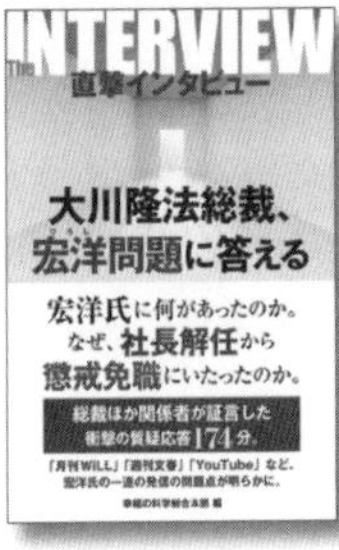

1,500 円

※表示価格は本体価格（税別）です。

宗教者のあるべき姿

1,400円

娘が語る
大川隆法の自助努力の姿

- ◆読書をしている父の姿
- ◆一日の生活スタイル
- ◆教育方針
- ◆大川家の家訓
- ◆世界のために命を懸ける「不惜身命」の姿
- ◆大病からの復活
- ◆「霊言」の真実

娘から見た大川隆法
大川咲也加 著

幼いころの思い出、家族思いの父としての顔など、実の娘が28年間のエピソードと共に綴る、大川総裁の素顔。

自助努力の精神を受け継ぐ幸福の科学の後継者

幸福の科学の
後継者像について

大川隆法・大川咲也加 共著

霊能力と仕事能力、人材の見極め方、公私の考え方、家族と信仰——。全世界に広がる教団の後継者に求められる「人格」と「能力」について語り合う。

1,500円

幸福の科学出版

大川隆法 ベストセラーズ・悪霊・悪魔を寄せつけないために

真のエクソシスト

身体が重い、抑うつ、悪夢、金縛り、幻聴──。それは悪霊による「憑依」かもしれない。フィクションを超えた最先端のエクソシスト論、ついに公開。

1,600円

悪魔からの防衛術

「リアル・エクソシズム」入門

現代の「心理学」や「法律学」の奥にある、霊的な「正義」と「悪」の諸相が明らかに。"目に見えない脅威"から、あなたの人生を護る降魔入門。

1,600円

真実の霊能者

マスターの条件を考える

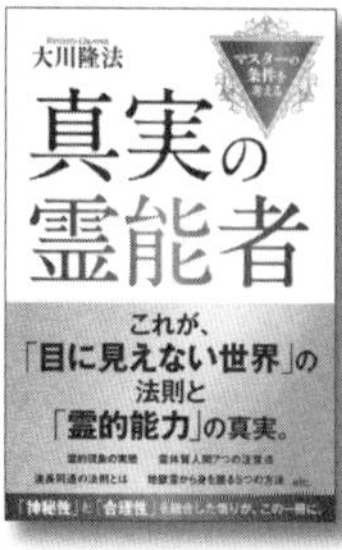

霊能力や宗教現象の「真贋《しんがん》」を見分ける基準はある──。唯物論や不可知論ではなく、「目に見えない世界の法則」を知ることで、真実の人生が始まる。

1,600円

ザ・ポゼッション

憑依の真相

英語説法 英日対訳

悪霊が与える影響や、憑依からの脱出法、自分が幽霊になって迷わないために知っておくべきことなど、人生をもっと光に近づけるためのヒントがここに。

1,500円

モナコ国際映画祭2020
最優秀作品賞
(エンジェル・トロフィー賞)
モナコ国際映画祭2020
最優秀主演女優賞
モナコ国際映画祭2020
最優秀助演女優賞
モナコ国際映画祭2020
最優秀VFX賞
心の闇を、打ち破る。
心霊喫茶
「エクストラ」の秘密
—THE REAL EXORCIST—
製作総指揮・原作/大川隆法
千眼美子
伊良子未來 希島凛 日向丈 長谷川奈央 大浦龍宇一 芦川よしみ 折井あゆみ
監督/小田正鏡 脚本/大川咲也加 音楽/水澤有一 製作/幸福の科学出版 製作協力/ARI Production ニュースター・プロダクション
制作プロダクション/ジャンゴフィルム 配給/日活 配給協力/東京テアトル ©2020 IRH Press cafe-extra.jp
2020年5月15日(金) ロードショー

1991年7月15日、東京ドーム。
人類史を変える「歴史的瞬間」が誕生した。
――これは、映画を超えた真実。
夜明けを信じて。
2020年秋 ROADSHOW
製作総指揮・原作 大川隆法
田中宏明 千眼美子 長谷川奈央 芦川よしみ 石橋保
監督／赤羽博 音楽／水澤有一 脚本／大川咲也加 製作／幸福の科学出版 製作協力／ARI Production ニュースター・プロダクション
制作プロダクション／ジャンゴフィルム 配給／日活 配給協力／東京テアトル ©2020 IRH Press

幸福の科学グループのご案内

宗教、教育、政治、出版などの活動を通じて、地球的ユートピアの実現を目指しています。

幸福の科学

一九八六年に立宗。信仰の対象は、地球系霊団の最高大霊、主エル・カンターレ。世界百カ国以上の国々に信者を持ち、全人類救済という尊い使命のもと、信者は、「愛」と「悟り」と「ユートピア建設」の教えの実践、伝道に励んでいます。

（二〇二〇年三月現在）

愛

幸福の科学の「愛」とは、与える愛です。これは、仏教の慈悲《じひ》や布施《ふせ》の精神と同じことです。信者は、仏法真理をお伝えすることを通して、多くの方に幸福な人生を送っていただくための活動に励んでいます。

悟り

「悟り」とは、自らが仏の子であることを知るということです。教学《きょうがく》や精神統一によって心を磨き、智慧《ちえ》を得て悩みを解決すると共に、天使・菩薩《ぼさつ》の境地を目指し、より多くの人を救える力を身につけていきます。

ユートピア建設

私たち人間は、地上に理想世界を建設するという尊い使命を持って生まれてきています。社会の悪を押しとどめ、善を推し進めるために、信者はさまざまな活動に積極的に参加しています。

国内外の世界で貧困や災害、心の病で苦しんでいる人々に対しては、現地メンバーや支援団体と連携して、物心両面にわたり、あらゆる手段で手を差し伸べています。

年間約２万人の自殺者を減らすため、全国各地で街頭キャンペーンを展開しています。

公式サイト **www.withyou-hs.net**

ヘレン・ケラーを理想として活動する、ハンディキャップを持つ方とボランティアの会です。視聴覚障害者、肢体不自由な方々に仏法真理を学んでいただくための、さまざまなサポートをしています。

公式サイト **www.helen-hs.net**

入会のご案内

幸福の科学では、大川隆法総裁が説く仏法真理《ぶっぽうしんり》をもとに、「どうすれば幸福になれるのか、また、他の人を幸福にできるのか」を学び、実践しています。

入会

仏法真理を学んでみたい方へ

大川隆法総裁の教えを信じ、学ぼうとする方なら、どなたでも入会できます。入会された方には、『入会版「正心法語《しょうしんほうご》」』が授与されます。

ネット入会 入会ご希望の方はネットからも入会できます。
happy-science.jp/joinus

三帰《さんき》誓願《せいがん》

信仰をさらに深めたい方へ

仏弟子としてさらに信仰を深めたい方は、仏《ぶっ》・法《ぼう》・僧《そう》の三宝《さんぼう》への帰依を誓う「三帰誓願式」を受けることができます。三帰誓願者には、『仏説・正心法語』『祈願文《きがんもん》①』『祈願文②』『エル・カンターレへの祈り』が授与されます。

幸福の科学 サービスセンター
TEL 03-5793-1727
（受付時間／火～金：10～20時 土・日祝：10～18時（月曜を除く））
幸福の科学 公式サイト
happy-science.jp

ハッピー・サイエンス・ユニバーシティ

Happy Science University

ハッピー・サイエンス・ユニバーシティとは

ハッピー・サイエンス・ユニバーシティ（HSU）は、大川隆法総裁が設立された「現代の松下村塾」であり、「日本発の本格私学」です。
建学の精神として「幸福の探究と新文明の創造」を掲げ、チャレンジ精神にあふれ、新時代を切り拓く人材の輩出を目指します。

人間幸福学部　経営成功学部　未来産業学部

HSU長生キャンパス TEL **0475-32-7770**
〒299-4325　千葉県長生郡長生村一松丙 4427-1

未来創造学部

HSU未来創造・東京キャンパス
TEL **03-3699-7707**
〒136-0076　東京都江東区南砂2-6-5　公式サイト **happy-science.university**

学校法人 幸福の科学学園

学校法人 幸福の科学学園は、幸福の科学の教育理念のもとにつくられた教育機関です。人間にとって最も大切な宗教教育の導入を通じて精神性を高めながら、ユートピア建設に貢献する人材輩出を目指しています。

幸福の科学学園

中学校・高等学校（那須本校）
2010年4月開校・栃木県那須郡（男女共学・全寮制）
TEL **0287-75-7777** 公式サイト **happy-science.ac.jp**

関西中学校・高等学校（関西校）
2013年4月開校・滋賀県大津市（男女共学・寮及び通学）
TEL **077-573-7774** 公式サイト **kansai.happy-science.ac.jp**

仏法真理塾「サクセスNo.1」

全国に本校・拠点・支部校を展開する、幸福の科学による信仰教育の機関です。小学生・中学生・高校生を対象に、信仰教育・徳育にウエイトを置きつつ、将来、社会人として活躍するための学力養成にも力を注いでいます。

TEL 03-5750-0751（東京本校）

エンゼルプランV　TEL 03-5750-0757

幼少時からの心の教育を大切にして、信仰をベースにした幼児教育を行っています。

不登校児支援スクール「ネバー・マインド」　TEL 03-5750-1741

心の面からのアプローチを重視して、不登校の子供たちを支援しています。

ユー・アー・エンゼル！（あなたは天使！）運動

一般社団法人 ユー・アー・エンゼル　TEL 03-6426-7797

障害児の不安や悩みに取り組み、ご両親を励まし、勇気づける、
障害児支援のボランティア運動を展開しています。

NPO活動支援

学校からのいじめ追放を目指し、さまざまな社会提言をしています。また、各地でのシンポジウムや学校への啓発ポスター掲示等に取り組む一般財団法人「いじめから子供を守ろうネットワーク」を支援しています。

公式サイト mamoro.org　ブログ blog.mamoro.org

相談窓口 TEL.03-5544-8989

百歳まで生きる会

「百歳まで生きる会」は、生涯現役人生を掲げ、友達づくり、生きがいづくりをめざしている幸福の科学のシニア信者の集まりです。

シニア・プラン21

生涯反省で人生を再生・新生し、希望に満ちた生涯現役人生を生きる仏法真理道場です。定期的に開催される研修には、年齢を問わず、多くの方が参加しています。全世界212カ所（国内197カ所、海外15カ所）で開校中。

【東京校】TEL 03-6384-0778　FAX 03-6384-0779

メール senior-plan@kofuku-no-kagaku.or.jp

幸福実現党

内《ない》憂《ゆう》外《がい》患《かん》の国難に立ち向かうべく、2009年5月に幸福実現党を立党しました。創立者である大川隆法党総裁の精神的指導のもと、宗教だけでは解決できない問題に取り組み、幸福を具体化するための力になっています。

党の機関紙
「幸福実現NEWS」

幸福実現党 釈量子サイト **shaku-ryoko.net**
Twitter **釈量子@shakuryokoで検索**

幸福実現党 党員募集中

あなたも幸福を実現する政治に参画しませんか。

○幸福実現党の理念と綱領、政策に賛同する18歳以上の方なら、どなたでも参加いただけます。

○党費：正党員（年額5千円［学生 年額2千円］）、特別党員（年額10万円以上）、家族党員（年額2千円）

○党員資格は党費を入金された日から1年間です。

○正党員、特別党員の皆様には機関紙「幸福実現NEWS（党員版）」（不定期発行）が送付されます。

＊申込書は、下記、幸福実現党公式サイトでダウンロードできます。
住所：〒107-0052　東京都港区赤坂2-10-8 6階 幸福実現党本部
TEL **03-6441-0754**　FAX **03-6441-0764**
公式サイト **hr-party.jp**

幸福の科学出版

大川隆法総裁の仏法真理の書を中心に、ビジネス、自己啓発、小説など、さまざまなジャンルの書籍・雑誌を出版しています。他にも、映画事業、文学・学術発展のための振興事業、テレビ・ラジオ番組の提供など、幸福の科学文化を広げる事業を行っています。

アー・ユー・ハッピー？
are-you-happy.com

ザ・リバティ
the-liberty.com

幸福の科学出版
TEL **03-5573-7700**
公式サイト **irhpress.co.jp**

THE FACT
ザ・ファクト
マスコミが報道しない「事実」を世界に伝えるネット・オピニオン番組

ザ・ファクト 検索

NEW STAR PRODUCTION

ニュースター・プロダクション

「新時代の美」を創造する芸能プロダクションです。多くの方々に良き感化を与えられるような魅力あふれるタレントを世に送り出すべく、日々、活動しています。 公式サイト **newstarpro.co.jp**

ARI Production

ARI《アリ》 Production《プロダクション》

タレント一人ひとりの個性や魅力を引き出し、「新時代を創造するエンターテインメント」をコンセプトに、世の中に精神的価値のある作品を提供していく芸能プロダクションです。 公式サイト **aripro.co.jp**

大川隆法　講演会のご案内

大川隆法総裁の講演会が全国各地で開催されています。講演のなかでは、毎回、「世界教師」としての立場から、幸福な人生を生きるための心の教えをはじめ、世界各地で起きている宗教対立、紛争、国際政治や経済といった時事問題に対する指針など、日本と世界がさらなる繁栄の未来を実現するための道筋が示されています。

2019年12月17日 さいたまスーパーアリーナ「新しき繁栄の時代へ」

2019年10月6日 ザ ウェスティン ハーバーキャッスル トロント（カナダ）「The Reason We Are Here」

2019年7月5日 福岡国際センター「人生に自信を持て」

2019年3月3日 グランド ハイアット 台北（台湾）「愛は憎しみを超えて」

2019年7月13日 ホテル イースト21東京「幸福への論点」

講演会には、どなたでもご参加いただけます。
最新の講演会の開催情報はこちらへ。⟹

大川隆法総裁公式サイト
https://ryuho-okawa.org